新時代萬有文庫

劉躍進　主編

劉志偉　李小白·校點

爾雅

遼海出版社

圖書在版編目（CIP）數據

爾雅 / 劉志偉，李小白校點 . —瀋陽 : 遼海出版
社，2025.1

（新時代萬有文庫 / 劉躍進主編）

ISBN 978-7-5451-6853-2

Ⅰ.①爾⋯　Ⅱ.①劉⋯ ②李⋯　Ⅲ.①《爾雅》
Ⅳ.①H131.2

中國國家版本館CIP數據核字（2024）第003555號

出 版 者：遼海出版社
　　　　　　（地址：瀋陽市和平區十一緯路25號　郵編：110003）
印 刷 者：遼寧新華印務有限公司
發 行 者：遼海出版社
幅面尺寸：160mm×230mm
印　　張：14.75
字　　數：150千字
出版時間：2025年1月第1版
印刷時間：2025年1月第1次印刷
責任編輯：范高強
裝幀設計：新思維設計　劉清霞
責任校對：張　越

書　　號：ISBN 978-7-5451-6853-2
定　　價：75.00元

《新時代萬有文庫》

編輯委員會

釋言第二

殷齊忕斯謐興八郡也還復迮也宣徇徧也駟遽輪

也蒙荒奄也告謂請也喬雍聲也栝壞㖸也窓

交也惕怵遍迖也俞合畣然也礦腫叙也慶發

上也觀怕示也若惠順也敎慖徵也幼鞠稚也遵術

過也嶷休庶也疫齊莊也戒備急也貿買市也麇陵

基也邐遠征邁行也坻敗霞荐原森芟糕撫

也曜脒瘠也桄題充也屢緊蝘囦燕也奕耆

也奕咸也俱藏也廟羶也顛饂食也勝將送作

造為也悲饑食之鞠宪窮也洒臧若也十束

也流罩也軍必也佻偸也潛深潛測也穀鞠生

啜茹也茹虔度也試用也告誓誓謹也竟逐強也御

圉禁也窒霝塞也餔歀歀齊身觀也愓悍悆

諤士官也峻農夫也蓋割剌裁也㞓支戟也謑諧

◎法藏敦煌寫本（P.3719）白文《爾雅》殘卷局部

山

釋水第十二

泉一見一否為瀸　檻泉正出　沃泉縣流川　氿泉穴出之仄出也　湀闢流川　過辨回川　灉反入　汧出不流

歸異出同流肥

瀵大出尾下

水自河出為灉　濟為濋　汶為濔　洛為波　漢為潛　淮為滸　江為沱　過為洵　潁為沙　汝為濆

決復入為汜　河水清且瀾漪　大波為瀾　小波為淪

◎法藏敦煌寫本（P.2661 和 P.3735）郭璞注《爾雅》殘卷局部

◎唐開成石經《爾雅》拓片局部

爾雅序

夫爾雅者所以通詁訓之指歸敘詩人之
興詠惣絕代之離詞辯同實而殊号者也
誠九流之津涉六藝之鈐鍵學覽者之潭
奧摛翰者之華苑也若乃可以博物不惑
多識於鳥獸草木之名者莫近於爾雅爾
雅者蓋興於中古隆於漢氏豹鼠既辯其
業亦顯英儒贍聞之士洪筆麗藻之客靡

◎南宋國子監刊本《爾雅》

總　序

劉慧晏

新時代、新征程、新偉業，更加迫切地需要"兩個結合"提供支撐和滋養。遼寧出版集團貫徹落實習近平文化思想，着眼於服務"第一個結合"，集海內百餘位專家之力，分國內傳播、世界傳播兩輯，出版《馬克思主義經典文獻傳播通考》。巨著皇皇，總二百卷，被譽爲當代馬克思主義基礎研究扛鼎之作。着眼於服務"第二個結合"，遼寧出版集團博咨衆意，精研覃思，決定出版《新時代萬有文庫》。

自古迄今，中華文化著述汗牛充棟。早在戰國時，莊子就發"以有涯隨無涯，殆已"的感慨。即使在知識獲取手段高度發達的今天，我想，也絕對沒有人敢誇海口：可盡一生精力遍讀古今文化著述。清末好讀書、真讀書的曾國藩，在寫給兒子的家書裏，做過統計分析，有清一代善於讀書且公認讀書最多的王念孫、王引之父子，每人一生熟稔的書也不過十幾種，而他本人於四書五經之外，最好的也不過《史記》、《漢書》、《莊子》、韓愈文四種。因此，給出結論："看書不可不知所擇。"

　　高郵王氏父子也罷，湘鄉曾國藩也罷，他們選擇熟讀的每一本書，當然都是經典。先秦以降，經典之書，積累亦多矣。雖然盡讀爲難，但每一本經典，一旦選擇，都值得花精力去細讀細研細悟。

　　中華文化經典，是中華優秀傳統文化的物質載體和精神表達，凝聚着中華先賢的思想智慧，民族文化自信在焉。書海茫茫，典籍浩瀚，何爲經典？何爲經典之善本？何爲經典之優秀注本？迷津得渡，知所擇讀，端賴方家指引。正緣於此，遼寧出版集團邀約海內古典文史專家，不懼艱辛，閱時積日，甄擇不同歷史時段文化經典，甄擇每部文化經典的善本和優秀注本，擬分期分批予以整理出版，以助廣大讀者在創造性轉化和創新性發展中賡續中華文脈。

　　《馬克思主義經典文獻傳播通考》的美譽度，已實至名歸。《新時代萬有文庫》耕耘功至，其葉蓁蓁、其華灼灼、下自成蹊，或非奢望！

出版説明

一、《新時代萬有文庫》（以下簡稱"《文庫》"）擬收録中華傳統文化典籍中具有根脈性的元典（即"最要之書"）500種，選擇具有重要學術價值和版本價值的經典版本，給予其富有鮮明時代特徵的整理與解讀，致力於編纂一部兼具時代性、經典性、學術性、系統性、開放性的中華優秀傳統文化經典叢書，深入挖掘和闡發中華優秀傳統文化的精神内涵和時代價值，激活經典，熔古鑄今，爲"第二個結合"提供助力，滿足新時代讀者對中華文化經典的需求。

二、爲滿足不同讀者的需求，《文庫》收録的典籍擬采取"一典多版本"和"一版三形式"的方式出版。"一典多版本"是指每種典籍選擇一最精善之版本予以重點整理，同時選擇二至三種有代表性的經典版本直接刊印，以便讀者比較閱讀，參照研究。"一版三形式"是指每種典籍選擇一最精善之版本，分白文本、古注本、今注本三種形式出版。各版本及出版形式，根據整理進度，分批出版。

三、典籍白文本僅保留經典原文，並對其進行嚴謹校勘，使其文句貫通、體量適宜，便於讀者精析原文，獨立思考，涵泳經典。考慮到不同典籍原文字數相差懸殊的實際情況，典籍白文本擬根據字數多少，或一種典籍單獨出版，或幾種典籍合爲一冊出版。合出者除考慮字數因素外，同時兼顧以類相從的原則，按照四部書目"部、類、屬"三級分類體系，同一部、同一類或同一屬的典籍合爲一冊出版。如子部中，同爲"道家類"的《老子》與《莊子》合爲一冊出版。

四、典籍古注本選取帶有前人注疏的經典善本整理出版。所選注本多有較精善的、學術界耳熟能詳的漢、唐、宋、元人古注，如《老子》選三國魏王弼注，《論語》選三國魏何晏集解，《爾雅》選晉代郭璞注，等等。

五、典籍今注本在整理典籍善本基礎上，對典籍進行重新注釋，包括爲生僻字、多音字注音；給難解的詞語如古地名、職官、典制、典故等做注，爲讀者閱讀、學習經典掃清障礙。

六、每部典籍卷首以彩色插頁的形式放置若干面重要版本的書影，以直觀展現典籍的歷史樣貌及版本源流。

七、每部典籍均撰寫"導言"一篇，主要包括作者簡介、創作背景、内容簡介、時代價值、版本考釋等方面内容。其中重點是時代價值，揭示每一種中華傳統文化經典所蘊含的優秀基因和至今仍有借鑒意義的思想觀念、人文精神、道德規範等，展示中華民族的獨特精神標識，彰顯中華傳統文化經典的"魂"，滿足讀者借鑒、弘揚其積極内涵的需求，找準中華傳統文化與社會主義核心價值觀之間的深度契合點，指明每種經典在建設中華民族現代文明中能提供哪些寶貴資源。同時，對部分經典中存在的陳舊過時或已成爲糟粕性的内容，予以明確揭示，提醒讀者正確取捨，有鑒別地對待，有揚棄地繼承，避免厚古薄今、以古非今。

八、校勘整理以對校爲主，兼采他書引文、相關文獻及前人成説，不做煩瑣考證。選擇一種或多種重要版本與底本對勘，以頁下注的形式出校勘記，對訛、脱、衍、倒等重要異文進行説明，並適當指出舊注存在的明顯問題。鑒於不同典籍在内容、體例、底本準確性等方面存在較大差異，《文庫》對是否校改原文及具體校勘方式不作嚴格統一，每種典籍依具體情況靈活處理，並在書前列"整理説明"。

九、《文庫》原則上采用簡體橫排的形式，施以現代新式標點，不使用古籍整理中的專名號。古注本的注文依底本排在正文字句間，改爲單行，變更字體字號與正文相區别。

十、《文庫》原則上使用規範簡化字，依原文具體語境、語義酌情保留少量古體字、異體字、俗體字。《説文解字》《爾雅》等古代字書則全文使用繁體字排印。

《新時代萬有文庫》編輯委員會
2023年10月

目　録

爾雅

卷下 / 151

導　言

　　《爾雅》是儒家經典"十三經"之一，被稱作"六藝之鈐鍵"❶"經籍之樞要"❷；也是重要的博物學著作，更是第一部解釋詞義的專書。其被視作中國辭書之祖、訓詁學開山之作。"爾"義爲"近"（後寫作"邇"），"雅"義爲"正"，"爾雅"，即以雅正之言解釋古詞、方言，使之近於規範。此書系統輯録了先秦至西漢的訓詁資料，並進行分類編纂，保存下不少詞彙的古義，是解讀上古文獻的重要參考之書。

一

　　《爾雅》，今見最早著録於《漢書·藝文志》，未載作者姓名。關於其著者、成書時間等問題歷來爭議頗多，至今未有定論。概括起來大致有以下幾種説法：

　　一説成書於西周，爲周公所作。如三國魏張揖《上廣雅表》稱："臣聞昔在周公，纘述唐虞，宗翼文武，克定四海，勤相成王，踐阼理政，日昃不食……六年，制禮以導天下，著《爾雅》一篇，以釋其義……今俗所傳三篇《爾雅》，或言

───────────────

　　❶　[晉] 郭璞注，[宋] 邢昺疏，[清] 阮元校刻：《爾雅注疏》，中華書局，2009，第5581頁。
　　❷　[晉] 郭璞注，[宋] 邢昺疏，[清] 阮元校刻：《爾雅注疏》，中華書局，2009，第5579頁。

仲尼所增，或言子夏所益，或言叔孫通所補，或言沛郡梁文所考，皆解家所說，先師口傳，既無正驗，聖人所言，是故疑不能明也。"❶晉郭璞《爾雅注序》稱："《爾雅》者，蓋興於中古，隆於漢氏。"唐陸德明注云："中古，謂周公也。"❷

二說成書於戰國時期，作者爲孔子或其弟子。如東漢鄭玄《駁五經異義》："《爾雅》者，孔子門人所作，以釋六藝之言，蓋不誤也。"❸南朝梁劉勰《文心雕龍·練字》亦云："夫《爾雅》者，孔徒之所纂。"❹唐賈公彦、宋高承，當代學者丁忱、殷孟倫、許嘉璐等，都主張《爾雅》爲孔子門人所作。陳玉澍《爾雅釋例敘》則認爲"《爾雅》者，孔子之所作也"❺。

三說成書於戰國末年，作者爲齊魯儒生。如何九盈《〈爾雅〉的年代和性質》認爲《爾雅》成書於戰國末年，爲齊魯儒生編纂。❻徐朝華《爾雅今注》亦認爲其最初成書當在戰國末年，"是由當時一些儒生彙集各種古籍詞語訓釋資料編纂而成，並非一人之作"❼。趙振鐸《中國語言學史》也稱：

---

❶ 〔清〕錢大昭撰，黃建中、李發舜點校：《廣雅疏義》，中華書局，2016，第1-2頁。

❷ 〔唐〕陸德明：《經典釋文》，中華書局，1983，第407頁。

❸ 〔清〕皮錫瑞撰，王豐先整理：《駁五經異義疏證》，中華書局，2014，第274頁。

❹ 〔南朝梁〕劉勰著，黃叔琳注，李詳補注，楊明照校注拾遺：《增訂文心雕龍校注》，中華書局，2012，第489頁。

❺ 〔清〕陳玉澍《爾雅釋例》，民國十年（1921）鉛印本，第1頁。

❻ 何九盈：《〈爾雅〉的年代和性質》，《語文研究》，1984年第2期，第15-23頁。

❼ 徐朝華：《爾雅今注·前言》，南開大學出版社，1987，第2頁。

"《爾雅》應該是戰國晚期學者綴拾前代故訓而成。"❶

　　四説爲漢儒生所作，但成書時間又有在秦漢之際和西漢中後期兩種説法。如北宋歐陽修《詩本義》稱《爾雅》"非聖人之書""乃是秦漢之間學《詩》者，纂集説《詩》博士解詁之言爾"❷。郭沫若《釋支干》："《爾雅》雖號稱爲周公所作，然實周秦之際之所纂集，其中且多秦漢人語。"❸哈佛燕京學社《爾雅引得序》亦認爲其"蓋秦漢以來小學家雜輯之作"❹。羅常培稱："《爾雅》的著者雖然有人僞托得很古，實際上它祇是漢代經師解釋六經訓詁的彙集。"❺余嘉錫稱："《爾雅》爲漢人所作，其成書當在西漢平帝以前無疑。"❻周祖謨認爲："《爾雅》爲漢人所纂集，其成書蓋當在漢武以後，哀平以前。"❼鄭樵《爾雅注》、葉夢得《巖下放言》、姚際恒《古今僞書考》、崔述《豐鎬考信録》、梁啓超《古書真僞及其年代》等，大抵皆持此論。

　　五説《爾雅》非一人一時之作，其創作時間不能確定。

---

❶ 趙振鐸：《中國語言學史》，河北教育出版社，2000，第35頁。

❷ ［宋］歐陽修：《詩本義》卷一〇，商務印書館，1935，第2頁。

❸ 郭沫若：《釋支干》，《甲骨文字研究》，《郭沫若全集·考古編》第一卷，科學出版社，1982，第285頁。

❹ 哈佛燕京學社引得編纂處編：《爾雅引得》，哈佛燕京學社，1941，第1頁。

❺ 羅常培：《揚雄〈方言〉在中國語言學史上的地位——周祖謨〈方言校箋〉序》，《羅常培文集》第九卷，山東教育出版社，2000，第247頁。

❻ 余嘉錫：《四庫提要辨證》，中華書局，1980，第92頁。

❼ 周祖謨：《〈爾雅〉之作者及其成書之年代》，《問學集》下冊，中華書局，1966，第675頁。

如唐陸德明《經典釋文序錄》稱《爾雅》，"《釋詁》一篇蓋周公所作，《釋言》以下或言仲尼所增，子夏所足，叔孫通所益，梁文所補，張揖論之詳矣"❶。王寧《爾雅説略》稱《爾雅》："不是一人一時之作，而是雜采幾代多家的訓詁材料彙編起來的。"❷趙仲邑《〈爾雅〉管窺》認爲："《爾雅》不成於一時一人之手。它是由春秋後半期至西漢的小學家陸續編纂而成的；但東漢以後至東晉初郭璞注《爾雅》之前，仍有補充修改。"❸日本學者内藤虎次郎推測《爾雅》成書時間在春秋至西漢中期。❹胡奇光在《〈爾雅〉成書時代新論》中指出："《爾雅》的初稿當始成於戰國末、秦代初，到西漢初期，《爾雅》經全面修改而定稿。"❺曹道衡、劉躍進《先秦兩漢文學史料學》引王寧《爾雅説略》觀點，認爲《爾雅》大約在公元前400年至公元前300年的戰國時期初具規模，後逐步完善，多加增補，纔成如今面貌。

今之學人大抵認可《爾雅》書成於衆手之説。通過參照先秦古書，可推斷其初稿大約成於戰國末、秦朝初，後經秦漢時人"綴緝舊文，遞相增益"❻整理而成。漢文帝時置《爾雅》

---

❶ ［唐］陸德明：《經典釋文》，中華書局，1983，第17頁。

❷ 王寧、褚斌傑等著：《十三經説略·爾雅説略》，中華書局，2015，第228頁。

❸ 趙仲邑：《〈爾雅〉管窺》，《中山大學學報》，1963年第4期，第107頁。

❹ ［日］内藤虎次郎等著，江俠庵編譯：《先秦經籍考（中）》，商務印書館，1931，第163-165頁。

❺ 胡奇光、方環海：《〈爾雅〉成書時代新論》，《辭書研究》，2001年第6期，第106頁。

❻ 余嘉錫：《四庫提要辨證》，中華書局，1980，第89頁。

傳記博士，表明彼時《爾雅》已成書，且被視爲"準經典"。其後，古文經學家劉歆修《七略》，將《爾雅》附於《孝經》之後。唐開成二年（837）《爾雅》被升爲經，成爲當時"十二經"之一，正式確立其經典的地位。

二

《漢書·藝文志》著録《爾雅》三卷二十篇，據傳亡佚《序篇》一篇，現存十九篇。其編排大抵按照"事類名目相近"❶的順序，但分卷則無特殊標準，其篇目按照內容可分爲兩大部分：

第一部分主要解釋一般詞語，包括前三篇《釋詁》《釋言》《釋訓》。此三篇分工又各有不同，依阮元《校勘記》引《爾雅·序篇》所云："《釋詁》《釋言》，通古今之字，古與今異言也；《釋訓》言形貌也。"❷清人朱駿聲《説文通訓定聲·豫部第九》亦曰："《爾雅·釋詁》者，釋古言也；《釋言》者，釋方言也；《釋訓》者，釋雙聲疊韻連語及單辭、重辭與發聲助語之辭也。"❸

第二部分主要解釋各類專門詞語，包括十六篇：《釋親》《釋宮》《釋器》《釋樂》《釋天》《釋地》《釋丘》《釋

---

❶ 周祖謨：《周祖謨語言文史論集》，浙江古籍出版社，1988，第362頁。

❷ ［晉］郭璞注，［宋］邢昺疏，［清］阮元校刻：《爾雅注疏》，中華書局，2009，第5593頁。

❸ ［清］朱駿聲：《説文通訓定聲》，武漢市古籍書店，1983，第411頁。

山》《釋水》《釋草》《釋木》《釋蟲》《釋魚》《釋鳥》《釋獸》《釋畜》。後十六篇主要按照事物屬性分爲人文、自然兩類，人文類涵蓋人文關係、宮室器物等，自然類包括天文地理、山川草木、蟲魚鳥獸等，每類之下往往又有細分，如《釋天》又分爲四時、祥、災、歲陽、歲名、月陽、月名、風雨、星名、祭名、講武、旌旂十二類，《釋獸》又分爲寓屬、鼠屬、齸屬、須屬四類等。

三

漢代以來，爲《爾雅》作注者不絕於時，郭璞《爾雅序》稱晉以前，"注者十餘"❶，然這些著作多不可考，如今有據可查的，如《隋書·經籍志》《舊唐書·經籍志》《新唐書·藝文志》《經典釋文·序錄》等文獻記載，漢時有犍爲文學、劉歆、樊光、李巡，三國時有魏人孫炎等分別爲之作注，惜亦多不傳，唯從唐人各經正義及《玉篇》《廣韻》等字書和韻書中可見引述片段，清人臧庸搜輯李巡、孫炎等注，彙爲《爾雅漢注》，是當前較爲系統的漢注整理本。

晉人郭璞對《爾雅》做了全面系統的研究，書成《注》《音》《圖》《圖贊》等著作，其《爾雅注》是當前保存最完整、最具影響力的注本。阮元評價其主要價值，認爲"（郭）璞時去漢未遠，如遂幠大東稱詩，釗我周王稱逸書，所見尚多古本，故所注多可據。後人雖迭爲補正，然宏綱大旨，終不

---

❶ ［晉］郭璞注，［宋］邢昺疏，［清］阮元校刻：《爾雅注疏》，中華書局，2009，第5582頁。

出其範圍"❶。如此後唐陸德明《爾雅音義》、北宋邢昺《爾雅疏》（一名《爾雅義疏》），皆以郭注爲本，後人將兩書合併，成爲《爾雅注疏》，位列《十三經注疏》第十二。清人邵晉涵《爾雅正義》、郝懿行《爾雅義疏》亦本郭注。

晉以後至明清，《爾雅》研究亦代不乏人。其中較著名的有，南朝梁沈旋集衆家之注，江灌、施乾、謝嶠、顧野王、曹憲等爲之撰音，唐代裴瑜有《爾雅注》，但皆佚，清人黃奭、馬國翰有輯録，分別載於《爾雅古義》《玉函山房輯佚書》中。宋人鄭樵亦有《爾雅注》，其在訓釋《爾雅》的同時，也校勘錯誤，然對郭注的一些校改並未給出理據，衹備一説。其另有《爾雅音義》，被《爾雅》家視作善本。清人訓詁之學大盛，治《爾雅》者如林，研究專著近百種，其中不乏以《爾雅》注家爲目的輯佚之作，也有對《爾雅》注的補充或勘誤前人注釋內容之作，如周春《爾雅補注》、劉玉麐《爾雅補注殘本》、錢坫《爾雅釋地四篇注》、戴鎣《爾雅郭注補正》、王念孫《爾雅郝注刊誤》等。

整體來説，注《爾雅》者甚衆，其中名家亦多，然至今影響最大、認可度最高的仍是晉人郭璞之注。故本書也取郭注本爲底本進行整理。

四

《爾雅》總輯先秦典籍的大量古詞、古義，是釋讀經典

---

❶ ［晉］郭璞注，［宋］邢昺疏，［清］阮元校刻：《爾雅注疏》，中華書局，2009，第5578頁。

的重要著作，亦是儒家經典中唯一一部語言文字學著作，長期受到學人和統治階層的高度關注，在當下更具有重要的時代價值，具體體現在：

一是，《爾雅》的訓釋系統爲訓詁學提供了重要的研究内容、方法、術語及示例。其創立的“同訓”“互訓”“遞訓”“反訓”“申訓”“聲訓”“義界”等具體的訓詁方法和“某，某也”“爲”“曰”“謂之（爲之）”“屬（醜）”“之言”等訓詁術語，“開爾雅派訓詁的先河”❶，成爲當前訓詁學研究的重要參照。

二是，《爾雅》以考釋名物爲主，首創按内容性質分類釋詞的體例，將2000餘個詞條分爲19類，形成較爲清晰的分類標準和完整的編撰體系，對後世類書的發展產生了深遠影響，亦爲後世“雅書”提供了範式上的參照。其收錄的語詞，内容涵蓋天文地理、人文關係、日常生活等方方面面，不僅輯錄大量上古詞義，更是對先秦文化的知識性集成，反映了古人知識理性的覺醒和思辨能力的提高，更爲中國傳統“名物學”“博物學”的興起奠定了基礎。

三是，由於古今文義的變化，地域文化、方言語音的差異，文字書寫的多變、錯謬等諸多原因，如今許多語詞名與實、源與流之間的紛繁錯亂，《爾雅》記載的内容，能爲探究其文化本義提供重要文獻支撐。其中保存的許多先秦古義，也能爲今之學者探研古籍提供釋讀文獻的參考。

四是，《爾雅》記載了許多中國傳統文化的核心内容，不

---

❶ 顧廷龍、王世偉：《爾雅導讀》，巴蜀書社，1990，第44頁。

僅反映了先秦時期的社會文化、風俗、民間信仰，也真實記錄了古代的典章制度、人倫關係、社會政治，對研究先秦時期的歷史、政治、哲學等有重要價值。特別是其中強調家庭關係、社會秩序、國家安寧，宣導仁善孝悌等優良品格的内容，蘊含着中國傳統文化的核心價值觀，無形中傳遞着道德教化理念，展示出中華民族特有的精神文化品格，能爲當下文化傳承和精神文明建設提供有益的啓示。

五是，《爾雅》包蘊着“天人合一”、人與自然和諧共生等理念，其從具體物象入手，歸納總結自然的一般規律，體現出樸素的唯物主義世界觀，解釋了認識自然與改造自然的關係；其從人們的生產生活出發，將經驗式的總結上升到文學、哲學層面，具有強烈的現實指導意義；其將自然科學與社會科學融爲一體的獨特觀念，對後世產生深遠影響，構成了中國人文科學獨有的特徵。

概言之，《爾雅》作爲一部古老的訓詁學專著，雖然成書時間較早，但其實用性和研究價值一直爲後世認可，在當代，其在文學、語言學、歷史學、哲學、政治學等多個領域都有重要價值，是中華優秀傳統文化研究寶貴的文化遺產和不可缺少的文獻資料。對《爾雅》古注的重新梳理，能夠在發掘傳統文化蘊藏的智慧的同時，爲“兩個結合”提供豐富的文化土壤，更有助於推動傳統文化與社會主義核心價值觀的宣傳與普及。

五

《爾雅》自產生以來多經傳抄、刊印，現存的版本大致可分爲：有經無注的“單經本”，經文與郭璞注合刻的“單注

本"，經文同疏文合刻但無注亦無音義的"單疏本"，及郭璞注、邢昺疏合刻本，或郭注、邢疏、陸德明音義合刻本。❶

其中現存年代最早的是唐開成石經本，卷首載郭璞序，每卷標立篇目，下題郭璞注，但僅有經文白文並無注。由於石經立石之時，唐玄度校勘字體多乖師法，唐以後又多經改補，故其中錯謬不少。唐石經今存西安碑林，當前可見唐石經本《爾雅》，有日本天保十五年（1844）松崎慊堂刊行的《縮刻唐石經》，以及中華書局1997年影印的《景刊唐開成石經》。後者據民國十五年（1926）皕忍堂本影印，皕忍堂本是依石刻原拓字體影摹刻版，又按阮元《十三經注疏》覆刻宋槧十行本經文雙鉤補足缺損文字而成。此外，西安碑林博物館1999年出版的《西安碑林全集》，取館藏民國舊拓剪裱本影印，收入第183、184冊。這幾個本子都是研究唐石經本《爾雅》的重要參考。

唐時還有寫本《爾雅》，今存白文殘卷有編號P.3719和S.12073兩種，據許建平考證，均為現存較早的唐寫本《爾雅》。前者包括《釋詁》90條、《釋言》全部和《釋訓》20條，中間連續不斷，白文無注，現藏法國國家圖書館。王重民曾寫提要："《爾雅》白文殘卷，起《釋詁》'邁、逢，遇也'，訖《釋訓》'委委、他他，美也'，共存八十四行。書法不佳，然猶是唐代寫本。其間異文別字，足資於今本之校勘與訓詁者不少。"❷後者僅殘存一片，五行，起《釋言》

---

❶ 顧廷龍、王世偉：《爾雅導讀》，巴蜀書社，1990，第135-146頁。
❷ 王重民：《敦煌古籍敘錄》，商務印書館，1958，第74頁。

“懈，怠也”條，至“間，倪也”條，殘存旁注音九個，現藏英國國家圖書館。兩種殘卷由於書法水準不高，缺損嚴重，故而被學界認爲校勘價值不高。

相較而言，現藏法國國家圖書館的敦煌寫本郭璞《爾雅注》（編號P.2661和P.3735，尾碼合爲一部）更具校勘價值。該卷起於《釋天》“秋爲收成”，止於《釋水》篇末，共存五篇一百六十一行，行大字二十個、雙行小字三十個左右。王重民認爲大約抄於六朝時期❶。此卷含有大量的篆文隸定字、隸變字、古今字、通假字和正俗字，此寫本殘卷的注音和《爾雅音》相同或相近，瞿林江認爲注音者可能參考了《爾雅音》❷。諫侯《唐寫本郭璞注〈爾雅〉校記》認爲其“可說是最近古、最無翻刻誤訛的一種。……我們非見到郭氏手稿本，否則就得以此爲最近古最善之本，無怪王重民先生要譽之爲希世之珍了”❸。周祖謨說此本“遠勝於石經及宋刻”❹。上述法圖、英圖藏《爾雅》寫本，構成了《爾雅》“敦煌寫卷”系統。

現存宋本主要有南宋刊十行本《爾雅》，三卷，每半葉十行，行二十至二十三字不等，注文小字雙行，每行三十字，左右雙邊，白口，單魚尾，版心下記刻工姓名，各卷後附有音

---

❶ 王重民：《敦煌古籍敘録》，商務印書館，1958，第74-75頁。

❷ 瞿林江：《敦煌〈爾雅郭注〉寫本殘卷考》，《經學文獻研究集刊》第20輯，上海書店出版社，2018，第228-249頁。

❸ 諫侯：《唐寫本郭璞注〈爾雅〉校記》，《圖書月刊》，1946年第1卷第5期，第6頁。

❹ 周祖謨：《〈爾雅〉郭璞注古本跋》，《問學集》下冊，中華書局，1966，第677頁。

釋。中國國家圖書館現藏一部，爲常熟瞿氏鐵琴銅劍樓舊藏，《四部叢刊》《續修四庫全書》均曾據之影印，2002年《中華再造善本》全彩影印此本。日本崇蘭館也藏有一部，有清徐承祖排印本與日本昭和十年影印初稿本兩個版本。道光年間，狩谷卿雲曾從崇蘭館借鈔，留有精摹本，其好友松崎復遂據以覆刊，並撰《爾雅校訛》一篇附於卷末。今崇蘭館本已佚，但臺灣藝文印書館多次以《宋本爾雅》爲名對此覆刊本加以影印，北京大學和上海圖書館也分別藏有該書的松崎復初次覆刻本和松崎復翻刻本。

南宋國子監本《爾雅》，現藏臺北故宮博物院，三冊，八行十六字，小字雙行二十一字，左右雙邊，白口，單魚尾，間或橫綫或無尾。中縫上記字數，中記《爾雅》卷次與葉次，下記刻工姓名。避諱：玄、弦、絃、朗、敬、弘、殷、匡、胤、頊、恒、楨、徵、貞、禎、晶、樹、桓、瑗、狟、購、遘、殼、慎、蜃。卷下缺末二葉，明末常熟毛氏汲古閣仿宋字精寫鈔配。據考，爲當前唯一可見保留五代監本樣式的南宋刻本。此版曾收入1932年故宮博物院影印《天祿琳琅叢書》第一集。

此外，《爾雅》至遲在奈良時代傳入日本，後因作爲拔舉人才的重要科目而在日本政界、學界得到廣泛推行，至今也保存了不少國內稀見善本，如神宮文庫藏南北朝刊本《爾雅》，張麗娟認爲其覆刻所用底本，應當就是臺北故宮博物院所藏的宋刻監本。日本古典研究會1973年曾據神宮文庫藏本加以影印。日本影鈔室町氏本，據楊守敬《日本訪書志》載，該本所據底本就是神宮文庫所藏覆宋刻本，由楊氏在日覓得，隨即據之刊刻了《古逸叢書》本，之後將此鈔本帶回國，時藏楊氏觀海堂，現藏臺北故宮博物院。

　　《古逸叢書》影覆宋蜀大字本《爾雅》，三卷，卷首載郭序，每卷題《爾雅》卷幾，郭璞注，次行列篇目。避諱：敬、驚、弘、殷、匡、胤、玄、朗、恒、禎、真、徵等字。間有南宋孝宗時補刊，桓、遘、慎三字闕筆。書末有"經凡一萬八百九言，注凡一萬七千六百二十八言"兩行及"將仕郎守國子四門博士臣李鶚書"一行。楊守敬認爲此版系衆版之祖，黎庶昌指出此版爲蜀本真面目，最爲可貴。《古逸叢書》影覆宋蜀大字本是現存《爾雅》單注本中一個較早的本子，具有頗高的校勘價值。

　　宋刻監本、日傳兩個本子及《古逸叢書》本皆不附《音釋》，末尾有李鶚銜名。瞿林江《〈爾雅〉版本源流考》考定，"唐石經、宋監本、神宮文庫本、影鈔室町氏本、《古逸叢書》本組成了'監刻經注本系統'，五者之間有着明顯的遞承關係"❶。宋刻監本即是在唐石經本基礎上附郭注完成，而其末兩缺葉由神宮文庫本補足，該本可以取代《古逸叢書》本成爲這一系統中的代表。周祖謨先生即以此爲底本完成《爾雅校箋》。

　　此外還有宋單疏本《爾雅》，如宋刊《爾雅疏》十卷，宋邢昺疏。此版爲宋刻元明遞修公文紙印本，每半葉十五行，每行二十一字，經、注或載全文，或標起止，皆空一格，下

---

❶ 瞿林江：《〈爾雅〉版本源流考》，漆永祥、王鍔主編：《斯文不墜在人間：李慶善教授誕辰百周年紀念文集》，北京聯合出版公司，2017，第351頁。

稱"釋曰"。此版今收入商務印書館所編《四部叢刊續編》經部，以宋刊單注、宋刊音義、宋刊單疏彙爲一本，以求復《爾雅》經注、音義和單疏宋版原貌。國家圖書館出版社重新影印此版，收入《國學基本典籍叢刊》。

元刻本寥寥，可關注者有元雪窗書院本三卷，晉郭璞注。因卷首署有"雪窗書院校正新刊"八字，故名。朱緒曾《開有益齋讀書志》言："雪窗不著姓名，亦不詳時代，然郭注單行，論者謂皆出自宋刻，故足貴也。"❶《中華再造善本》影印的國圖藏本爲嚴元照舊藏，臧庸曾手校並重刊，每半葉十一行，行十六字，小字雙行二十六字，此本郭注下連附音切，於本字上加圈爲識。書前有翁同書跋文，書後有陳焯識語。阮元認爲此本"較之俗所行郎奎金、鍾人傑等刊本，則遠勝之矣"❷，但訛衍之處極多。

另有巾箱本《爾雅》三卷，晉郭璞注，卷首載郭璞序，序後有牌記，其末署有"大德己亥平水曹氏進德齋謹志"字樣，但版框較別本略小，故稱"元巾箱本"，每半葉八行，行十五字，每卷後附有《音釋》。該本亦爲瞿氏舊藏，瞿鏞《鐵琴銅劍樓藏書目録》稱此本"首載郭序，後有《音釋》，與宋本俱同，其中字句異於吳元恭本者亦同，即出自南宋初本也。……全書無後人竄亂處，郭注中某音某者，完善無缺……近之釋經

---

❶ ［清］朱緒曾：《開有益齋讀書志》，上海古籍出版社，2015，第18頁。

❷ ［晉］郭璞注，［宋］邢昺疏，［清］阮元校刻：《爾雅注疏》，中華書局，2009，第5589頁。

家皆以吳本、雪窻本爲單經注之善本，而皆未見此本也"❶，該書現藏中國國家圖書館，也是重要的《爾雅》經注本。2006年《中華再造善本》影印此本，卷中多有鈔補葉，卷下《音釋》亦爲後人鈔補。

此外，還有元十行注疏本，是目前所知最早的《爾雅》經、注、音、疏彙集本。今日本宮内廳書陵部藏有元刻本，無補葉，此本每半葉九行，行二十字，小字雙行二十字左右，共十一卷。中國國家圖書館和《中華再造善本》影印北京市文物局藏本均爲元刻明修本，内中序文首題郭璞序，邢昺疏序，後題"爾雅兼義一卷"，版心有"正德六年刊""正德十二年重刊"等印記。經文下載注文、疏文，雙行。此版爲善本，較少脱文改字。

明刊本較多，其中較爲重要的有嘉靖十七年（1538）吳元恭仿宋刻本《爾雅》三卷，或稱"吳本""仿宋本""明吳元恭本"。此本刻於嘉靖十七年（1538）秋七月，書前有《校刊爾雅序》，每半葉八行，每行十七字，卷首標篇目，卷後題經若干字、注若干字。阮元稱此版"間有一二小誤，絶無私意竄改處。不附《釋文》，而郭《注》中之某音某，完然無闕，爲經注本之最善者，必本宋刻無疑"❷。其《爾雅注疏校勘記》經文即以吳本爲底本。前人考定吳本所祖之本應晚於宋十行本，且二者與元巾箱本、日本覆北宋本，文本近似，除吳

---

❶　〔清〕瞿鏞：《鐵琴銅劍樓藏書目録》，上海古籍出版社，2000，第164頁。

❷　〔晉〕郭璞注，〔宋〕邢昺疏，〔清〕阮元校刻：《爾雅注疏》，中華書局，2009，第5589頁。

本外，均附《音釋》，可稱爲"附《音釋》經注本系統"。❶
吳本至乾嘉時期已不多見，故清嘉慶十一年（1806）顧廣圻思
適齋加以覆刻，然顧氏翻刻本並不忠實於吳本，且有初印、
剜改、增序本之別。民國十一年（1922），古書流通處影印的
《古書叢刊》本即屬後印剜改本，書前有顧廣圻《重刻吳元
恭本爾雅序》、臧庸嘉慶己未（1799）所撰《臧氏宋本爾雅考
證》，及《爾雅音釋》三卷，均爲吳本所無，書後尚有顧廣圻
題識和戈宙襄跋文。今韓國藏書閣所藏吳元恭本刻版三卷一冊
（84張），上有"李王家圖書之章"藏書印，爲朝鮮時期李朝
王室藏書，該本四周雙邊，注雙行，上白魚尾，版心題"校證
爾雅""爾雅"，後附有吳元恭《校爾雅序》："東海吳元恭
述……嘉靖十七年秋七月二十四日。"❷該本也是《爾雅》吳
本的重要版本。

此外，明代刊本還有景泰七年（1456）馬諒刻本《爾雅》
三卷，嘉靖四年（1525）黃卿重刊景泰本，嘉靖四年（1525）
許宗魯宜靜書堂刊本，嘉靖、隆慶間畢效欽刻《五雅》本，
天啓六年（1626）郎奎金輯堂策檻刻《五雅》本，崇禎十二年
（1639）永懷堂刻《十三經古注》本等，皆爲單注本。另有注
疏本、音義本等，如明閩本《爾雅注疏》十一卷，爲嘉靖間閩
中御史李元陽刊《十三經注疏》本；明監本《爾雅注疏》十一

---

❶ 瞿林江：《〈爾雅〉版本源流考》，漆永祥、王鍔主編：《斯文不
墜在人間：李慶善教授誕辰百周年紀念文集》，北京聯合出版公司，2017，
第352-355頁。

❷ 竇秀艷，姜麗：《韓國現存〈爾雅〉注版本評說》，《東亞文學與
文化研究》，2010，第193-199頁。

卷，爲萬曆二十一年（1593）北京國子監刻《十三經注疏》本；汲古閣毛本《爾雅注疏》十一卷，爲崇禎庚辰（1640）毛晉汲古閣刊《十三經注疏》本。

清人刻本更多。其中較爲重要的有，阮元刻本《十三經注疏》本《爾雅》，因時無"宋十行注疏本"，所以阮元以吳本爲經注底本，以黃丕烈所藏南宋單疏本《爾雅疏》爲疏文底本重新建構起《爾雅》注疏體系，阮刻本郭注下有散附的《音釋》。另有清乾隆十年（1745）三樂齋刊《爾雅注疏》十一卷，乾隆五十一年（1786）金閶書業堂刊《爾雅注疏》十一卷，阮元校嘉慶二十年（1815）南昌府學刻《十三經注疏》本，崇德書院刊《爾雅注疏》十一卷等，皆爲注疏本；以及同治十一年（1872）山東書局刊本（尚志堂藏版），清同治十三年（1874）湖南書局刊《爾雅》三卷，光緒十二年（1886）冬月湖北官書處重刊本，光緒二十一年（1895）季春金陵書局重刊《爾雅》三卷，清芬閣刊《爾雅》三卷等，皆是包含晉郭璞注和唐陸德明音義的合刻本。

綜上，《爾雅》注疏紛繁，版本頗多，因本次整理《爾雅》古注，旨在傳承中華優秀經典，提供一個盡可能保存文本原貌、便於讀者理解，文義通暢、清晰實用的整理本，以滿足新時代讀者對中華優秀經典的閱讀需求。據此，整理本以呈現精善古注爲要，故選取《四部叢刊》本爲底本，校本止於宋刻，另參考今人整理本，進行標點和簡要的校勘。書中難免有錯漏失當之處，希請廣大讀者及各位專家批評指正。

整理説明

一、本書是《新時代萬有文庫》中《爾雅》的繁體横排版整理本。

二、爲盡可能保存古注原貌，兼顧各版本間差異，本次整理以《四部叢刊》爲底本，即《四部叢刊初編》影印鐵琴銅劍樓藏宋刊本，主要參校本有唐開成石經本（簡稱"唐石經本"）、法國國家圖書館藏唐寫本［簡稱"唐寫本（P.3719）"與"唐寫本（P.2661和P.3735）"］、《古逸叢書》影覆宋蜀大字本（簡稱"宋蜀大字本"）、臺北故宫博物院藏南宋國子監刻本（簡稱"宋刻監本"）、《四部叢刊續編》影印宋刻元明遞修單疏本（簡稱"宋刻單疏本"），另參考陸德明《經典釋文》（簡稱"陸氏《釋文》"）、阮元《爾雅校勘記》（簡稱"阮元《校勘記》"）、周祖謨《爾雅校箋》（簡稱"周氏《校箋》"）、胡奇光和方環海《爾雅譯注》、潘佳整理《爾雅注》、王世偉整理《爾雅注疏》所做的校勘和標點。

三、此次整理工作包括標點、文字處理和吸收研究成果基礎上的校勘等。

四、卷、篇依據底本標注，正文與注文依據底本分行排列。

五、底本原附《音釋》，由於古今字音多變，今略去。

六、根據現代新式標點符號用法，結合古籍整理標點通例，進行統一規範標點。

七、校勘。本次整理比對各版本間差異，綜合前人整理、研究成果，對異文出校記，以頁下注形式呈現。明確底本有誤者改正，並出校記"誤""據某本改"；存疑者不下按語。

1. 異體字原則上不出校，僅對影響文義的字如"己/已/巳""間/閒"等出校，若同一情況在文內多次出現，僅在第一處出校並做說明。

2. 避諱字不出校，亦不改回本字，祇補足缺筆。

3. 通假字一般保持原樣不變，若版本間存在差異，則出校記"某本作某""同某"。

4. 唐寫本較底本之句末往往多出"也""焉"字，因表語氣而不影響句意，概不出校。

5. 舊籍引文與原書存在差異者，根據該書今本出校。

爾雅序

郭璞　撰

　　夫《爾雅》者，所以通詁訓之指歸，敘詩人之興詠，捴絕代之離詞，辯同實而殊號者也。誠九流之津涉，六藝之鈐鍵，學覽者之潭奧，摛翰者之華苑也。若乃可以博物不惑，多識於鳥獸草木之名者，莫近於《爾雅》。《爾雅》者，蓋興於中古，隆於漢氏，豹鼠既辨❶，其業亦顯。英儒贍聞之士，洪筆麗藻之客，靡不欽玩耽味，爲之義訓。

　　璞不揆檮昧，少而習焉，沈研鑽極，二九載矣。雖注者十餘，然猶未詳備，並多紛謬，有所漏略。是以復綴集異聞，會稡舊説，考方國之語，采謠俗之志，錯綜樊、孫，博關羣言，剟其瑕礫，掇其蕭稂。事有隱滯，援據徵之。其所易了，闕而不論。別爲《音圖》，用祛未寤。輒復擁篲清道，企望塵躅者，以將來君子爲亦有涉乎此也。

---

❶　"辨"，宋刻監本作"辯"。

卷上

釋詁第一

初、哉、首、基、肇、祖、元、胎、俶、落、權輿，始也。

《尚書》曰：“三月哉生魄。”《詩》曰：“令終有俶。”又曰❶：“俶載南畝。”又曰：“訪予落止。”又曰：“胡不承權輿。”胚胎未成，亦物之始也。其餘皆義之常行者耳。此所以釋古今之異言，通方俗之殊語。

林、烝、天、帝、皇、王、后、辟、公、侯，君也。

《詩》曰：“有壬❷有林。”又曰：“文王烝哉。”其餘義皆通見《詩》《書》。

弘、廓、宏、溥、介、純、夏、幠、厖、墳、嘏、丕、弈❸、洪、誕、戎、駿、假、京、碩、濯、訏、宇、穹、壬、路、淫、甫、景、廢、壯、冢、簡❹、箌❺、

---

❶ “曰”，底本作“田”，宋刻監本作“曰”，據改。

❷ “壬”，宋刻監本作“王”，誤。《詩經·小雅·賓之初筵》作“壬”。

❸ “弈”，底本、唐石經本、宋刻單疏本皆作“弈”，陸氏《釋文》作“奕”，阮元《校勘記》：“依《說文》‘奕，大也’，‘弈，圍棋也’。然則作‘弈’非是，《毛詩》‘弈弈梁山’亦是譌字耳。”

❹ “簡”，宋刻監本作“簡”。後文皆同。

❺ “箌”，阮元《校勘記》引盧文弨曰：“《釋文》引《說文》云：‘草大也。’則字當從艸，今《說文》《爾雅》皆有誤。”

昄、旺、將、業、席❶，大也。

《詩》曰："我受命溥將。"又曰："亂如此幠""爲下國駿厖""湯孫奏假❷""王公伊濯""訏謨定命""有壬有林""厥聲載路""既有淫威""廢爲殘賊""爾土宇昄章""緇衣之席兮"。廓落、宇宙、穹隆、至極，亦爲大也。劚義未聞。《尸子》曰："此皆大，有十餘名而同一實。"

幠、厖，有也。

二者又爲有也。《詩》曰："遂幠大東。"

迄、臻、極、到、赴、來、弔、艐、格、戾、懷、摧、詹，至也。

齊、楚之會郊曰懷，宋曰屆。《詩》曰："先祖于摧。"又曰："六日不詹。"詹、摧，皆楚語，《方言》云。

如、適、之、嫁、徂、逝，往也。

《方言》云："自家而出謂之嫁，猶女出爲嫁。"

貢、貢、錫、畀、予、貺，賜也。

皆賜與也。

儀、若、祥、淑、鮮、省、臧、嘉、令、類、綝、穀❸、攻、穀、介、徽，善也。

《詩》曰："儀刑文王。"《左傳》曰："禁禦不若。"《詩》曰："永錫爾類""我車既攻""介人維藩""大姒嗣徽音"。省、綝、穀，未詳其義。餘皆常語。

---

❶ "席"，宋刻單疏本同，宋刻監本作"蓆"，注同。

❷ "假"，宋刻單疏本作"嘏"，今本《詩經》作"湯孫奏假"。

❸ "穀"，底本作"穀"，宋刻監本作"穀"，據改。後文皆同改。

舒、業、順，敘也。

皆謂次敘。

舒、業、順、敘，緒也。

四者又爲端緒。

怡、懌、悦、欣、衎、喜、愉、豫、愷、康、妢、
般，樂也。

皆見《詩》。

悦、懌、愉、釋、賓、協，服也。

皆謂喜而服從。

遹、遵、率、循、由、從，自也。

自猶從也。

遹、遵、率，循也。

三者又爲循行。

靖、惟、漠、圖、詢、度、咨、諏、究、如、慮、
謨、猷、肇、基、訪，謀也。

《國語》曰："詢于八虞，咨于二虢，度于閎夭❶，謀於
南宮，諏于蔡、原，訪于辛、尹。"通謂謀議耳。如、肇所未
詳，餘皆見《詩》。

典、彝、法、則、刑、範、矩、庸、恒、律、戞、
職、秩，常也。

庸、戞、職、秩義見《詩》《書》，餘皆謂常法耳。

柯、憲、刑、範、辟、律、矩、則，法也。

---

❶　"夭"，宋刻單疏本、宋蜀大字本皆作"夭"，今本《國語》作
"夭"。

《詩》曰："伐柯伐柯，其則不遠。"《論語》曰："不踰矩。"

辜、辟、戾，辠也。

皆刑罪。

黃髮、齯❶齒、鮐背、耇、老，壽也。

黃髮，髮落更生黃者。齯齒，齒墮❷更生細者。鮐背，背皮如鮐魚。耇，猶耆也。皆壽考之通稱。

允、孚、亶、展、諶、誠、亮、詢，信也。

《方言》曰："荆、吴、淮、汭之間❸曰展，燕岱、東齊曰諶，宋、衛曰詢。"亦皆見《詩》。

展、諶、允、慎、亶，誠也。

轉相訓也。《詩》曰："慎爾優遊。"

謔、浪、笑、敖，戲謔也。

謂調戲也。❹見《詩》。

粤、于、爰，曰也。

《書》曰："土爰稼穡。"《詩》曰："對越在天""王于出征"。

爰、粤，于也。

---

❶ "齯"，《釋文》作"兒"，阮元《校勘記》云："黃髮，髮落更生黃者。兒齒，齒隋更生細者，訓'兒'爲細，是本不從齒也。《儀禮·士冠禮》疏引《爾雅》云'黃髮兒齒'，與《釋文》合，《詩·閟宫》亦作兒，此當從陸本。"

❷ "墮"，宋刻單疏本作"隋"，古通"墮"。

❸ "間"，宋刻監本作"閒"。後文多類此。

❹ "謂調戲也"，"謂"字後，周氏《校箋》認爲當有"相"字，今本脱，當據《玉篇》等補。

轉相訓。

爰、粵、于、那、都、繇，於也。

《左傳》曰："棄甲則那。"那，猶今人云那那❶也。

《書》曰："皋陶曰：都。"繇、辝、於、乎，皆語之韻絶。

敆、郃、盍、翕、仇、偶、妃、匹、會，合也。

皆謂對合也。

仇、讎、敵、妃、知、儀，匹也。

《詩》云："君子好仇""樂子之無知""實維我儀"。

《國語》亦云："丹朱憑❷身以儀之。"讎❸，猶儔也。《廣雅》云："讎，輩也。"

妃、合、會，對也。

皆相當對。

妃，媲也。

相偶媲也。

紹、胤、嗣、續、纂、緌、績、武、係，繼也。

《詩》曰："下武維周。"緌見《釋水》。餘皆常語。

忥、謐、溢、蟄、慎、貉、謐、頠、頦、密、寧，靜也。

忥、頠、頦，未聞其義。餘皆見《詩傳》。

隕、磒、湮、下、降、墜、摽、蘦，落也。

磒猶隕也。方俗語有輕重耳。湮，沈落也。摽、蘦見

---

❶ "那那"，宋刻監本作"都那"，誤。

❷ "憑"，宋刻監本、宋刻單疏本皆作"馮"，"馮""憑"古通，阮元《校勘記》認爲當作"馮"。後"以"字，宋刻監本脫。

❸ "讎"，宋刻監本作"讎讎"，字重，誤。

《詩》。

命、令、禧、畛、祈、請、謁、訊、誥，告也。

禧未聞。《禮記》曰："畛於鬼神。"

永、悠、迥、違、遐、逷、闊，遠也。

《書》曰："逷矣西土之人。"

永、悠、迥、遠，遐也。

遐亦遠也。轉相訓。

虧、壞、圮、垝，毀也。

《書》曰："方命圮族。"《詩》曰："乘彼垝垣。"
虧，通語耳。

矢、雉、引、延、順、薦、劉、繹、尸、旅，陳也。

《禮記》曰："尸，陳也。"雉、順、劉皆未詳。

尸、職，主也。

《左傳》曰："殺老牛，莫之敢尸。"《詩》曰："誰其
尸之。"又曰："職爲亂階。"

尸，寀也。

謂寀地。

寀、寮，官也。

官地爲寀。同官爲寮。

績、緒、采、業、服、宜、貫、公，事也。

《論語》曰："仍舊貫。"餘皆見《詩》《書》。

永、羕、引、延、融、駿，長也。

宋、衛、荊、吳之間曰融。羕所未詳。

喬、嵩、崇，高也。

皆高大貌。《左傳》曰："師叔，楚之崇也。"

崇，充也。

亦爲充盛。

犯、奢、果❶、毅❷、剋、捷、功、肩、堪，勝也。

陵犯、誇奢、果毅，皆得勝也。《左傳》曰："殺敵爲果。"肩即剋耳。《書》曰："西伯堪黎。"

勝、肩、戡、劉、殺，克也。

轉相訓耳。《公羊傳》曰："克之者何？殺之也。"

劉、獮、斬、刺❸，殺也。

《書》曰："咸劉厥敵。"秋獵爲獮，應殺氣也。《公羊傳》曰："刺之者何？殺之也。"

亹亹、蠠没、孟、敦、勗、釗、茂、劭、勔，勉也。

《詩》曰："亹亹文王。"蠠没，猶黽勉。《書》曰："茂哉茂哉。"《方言》云："周、鄭之間相勸勉爲勔釗。"孟未聞。

鶩、務、昏、暋，強也。

馳鶩事務皆自勉強。《書》曰："不昏作勞""暋不畏死"。

卬、吾、台、予、朕、身、甫、余、言，我也。

卬，猶姎也。語之轉耳。《書》曰："非台小子。"古者貴賤皆自稱朕。《禮記》云："授政任功，曰'予一

---

❶ "果"，陸氏《釋文》："㦬，音果，本今作果。"阮元《校勘記》："按，'果'當爲'㦬'。"

❷ "毅"，陸氏《釋文》無此字音。阮元《校勘記》："'毅'當爲衍文。"

❸ "刺"，諸本作"刺"，誤。後文多此類，皆改。

人’”“畛於鬼神，曰‘有某甫’”。言，見《詩》。

朕、余、躬，身也。

今人亦自呼爲身。

台、朕、賚、畀、卜、陽，予也。

賚、畀、卜❶皆賜與也。與，猶予也，因通其名耳。《魯詩》云：“陽如之何。”今巴、濮❷之人自呼“阿陽”。

肅、延、誘、薦、餤、晉、寅、蓋，進也。

《禮記》曰：“主人肅客。”《詩》曰：“亂是用餤”“王之蓋臣”。《易》曰：“晉，進也。”寅，未詳。

羞、餞、迪、烝，進也。

皆見《詩》《禮》。

詔、亮、左、右、相，導也。

皆謂教導之。

詔、相、導、左、右、助，勴也。

勴，謂贊勉。

亮、介、尚，右也。

紹介、勸尚，皆相佑助。

左、右，亮也。

反覆相訓，以盡其義。

---

❶ “賚畀卜”，此三字底本及宋刻監本諸本皆作“賚卜畀”，阮元《校勘記》：“經作‘賚畀卜’，疏云‘賚畀卜皆賜與也’，此作‘賚卜畀’，蓋誤。”據改。

❷ “濮”，宋刻監本作“璞”，誤。

緝熙、烈、顯、昭、晧❶、頴，光也。

《詩》曰："學有緝熙于光明。"又曰："休有烈光。"

劼、鞏、堅、篤、掔、虔、膠，固也。

劼、虔皆見《詩》《書》。《易》曰："鞏用黃牛之革，固志也。"掔然亦牢固之意。

疇、孰，誰也。

《易》曰："疇離祉。"

旺旺、皇皇、藐藐、穆穆、休、嘉、珍、禕❷、懿、鑠，美也。

自"穆穆"已上皆美盛之貌。其餘常語。

諧、輯、協，和也。

《書》曰："八音克諧。"《左傳》曰："百姓輯睦。"

關關、噰噰，音聲和也。

皆鳥鳴相和。

勰、燮，和也。

《書》曰："燮友柔克。"

從、申、神、加、弼、崇，重也。

隨從、弼輔、增崇，皆所以爲重疊。神所未詳。

觳、悉、卒、泯、忽、滅、罄、空、畢、罊、殲、

---

❶ "晧"，底本作"皓"，唐石經本、宋刻監本、宋刻單疏本皆作"晧"，阮元《校勘記》："晧從日，疏云'晧者亦日光也'。今本從白，非。"據改。

❷ "禕"，底本、宋刻監本作"禕"，唐石經本、宋刻單疏本作"禕"，阮元《校勘記》："按，《釋文》通志堂本作'禕'。"從"示"；"按，《說文》有从衣之'禕'，無从示之'禕'，凡用禕爲徽美字者，取其同音而已傳寫，遂多从示"。據改。

拔、殄，盡也。

　　彀，今直語耳。忽然，盡貌。今江東呼厭極爲彀。餘皆見《詩》。

　　苞、蕪、茂，豐也。

　　苞叢、繁蕪，皆豐盛。

　　摯、斂、屈、收、戢、蒐、哀、鳩、摟❶，聚也。

　　《禮記》曰：“秋之言摯。”摯，斂也。春獵爲蒐，蒐者，以其聚人衆也。《詩》曰：“屈此羣醜”“原隰裒矣”。《左傳》曰：“以鳩其民。”摟，猶今言拘摟，聚也。

　　肅、齊、遄、速、亟、屢、數、迅，疾也。

　　《詩》曰：“仲山甫徂齊。”

　　寁、駿、肅、亟、遄，速也。

　　《詩》曰：“不寁故也。”駿，猶迅。速，亦疾也。

　　墍、阢陒、滕、徵、隍、漮，虛也。

　　墍，谿墍也。阢陒，謂阢隉也。隍，城池無水者。《方言》云：“漮之言空也。”皆謂丘墟耳。滕、徵，未詳。

　　黎、庶、烝、多、醜、師、旅，衆也。

　　皆見《詩》。

　　洋、觀、裒、衆、那，多也。

　　《詩》曰：“薄言觀者。”又曰：“受福不那。”洋、溢，亦多貌。

　　流、差、柬，擇也。

　　❶ “摟”，底本、宋刻監本、宋刻單疏本正文及注文皆作“樓”，誤。陸氏《釋文》：“摟，力侯反，從手，本或作‘樓’，非。”據改。

皆選擇。見《詩》。

戰、慄、震、驚、戁、竦、恐、懾，懼也。

《詩》曰："不戁不竦。"懾即慴也。

痛、瘏、虺穨❶、玄黃、劬勞、咎、顇、瘏、瘉、鰥、戮、癙、癵、瘒、癢、疧、疵、閔、逐、疚、痗、瘥、痱、癉、瘵、瘼、瘽，病也。

虺穨、玄黃，皆人病之通名。而說者便爲之馬病，失其義也。《詩》曰："生我劬勞。"《書》曰："智藏瘝在。"相戮辱，亦可恥病也。今江東呼病曰瘼，東齊曰瘼。《禮記》曰："親瘝，色容不盛。"戮、逐❷，未詳。餘皆見《詩》。

恙、寫、悝、盱、繇、慘、恤、罹，憂也。

今人云無恙，謂無憂也。寫，有憂者，思散寫也。《詩》曰："悠悠我悝""云何盱❸矣"。繇役，亦爲憂愁也。

倫、勩、邛、敕、勤、愉、庸、癉，勞也。

《詩》曰："莫知我勩""維王之邛""哀我癉人"。《國語》曰："無功庸者。"倫，理事務以相約。敕，亦爲勞。勞苦者多惰。愉，今字或作瘉，同。

勞、來、強、事、謂、翦、篲，勤也。

《詩》曰："職勞不來。"自勉強者，亦勤力者。由事事，故爲勤也。《詩》曰："迨其謂之。"翦、篲，未詳。

悠、傷、憂，思也。

---

❶ "穨"，底本作"穨"，唐石經本、宋刻監本、宋刻單疏本皆作"穨"，阮元《校勘記》亦以"虺穨"爲是，據改。

❷ "逐"，宋刻監本作"遂"，誤。

❸ "盱"，宋刻監本作"肝"，誤。

皆感思也。

懷、惟、慮、願、念、怒，思也。

《詩》曰：“怒如調飢。”

祿、祉、履、戩、祓、禧、禠、祜，福也。

《詩》曰：“福履綏之”“俾爾戩穀”“祓祿康矣”。禠、禧，《書》《傳》不見，其義未詳。

禋、祀、祠、蒸、嘗、禴，祭也。

《書》曰：“禋于六宗。”餘者皆以爲四時祭名也。

儼、恪、祗、翼、諲、恭、欽、寅、熯，敬也。

儼然，敬貌。《書》曰：“夙夜惟寅。”《詩》曰：“我孔熯矣。”諲，未詳。

朝、旦、夙、晨、晙，早也。

晙，亦明也。

顗、竢、替、戾、厎❶、止、徯，待也。

《書》曰：“徯我后。”今河北人語亦然。替、戾、厎者，皆止也。止亦相待。

嘰、幾、裁、殆，危也。

幾，猶殆也。嘰、裁，未詳。

躛，汽也。

謂相摩近。

治、肆、古，故也。

治，未詳。肆、古見《詩》《書》。

---

❶ “厎”，底本、唐石經本、宋刻監本皆同，宋刻單疏本正文作“底”，誤。

肆、故，今也。

肆既爲故，又爲今。今亦爲故，故亦爲今。此義相反而兼通者，事例在下，而皆見《詩》。

惇、亶、祜、篤、擎、仍、肶、埤、竺、腹，厚也。

頻仍、埤益、肶輔❶，皆重厚。擎然，厚貌。餘皆見《詩》《書》。

載、謨、食、詐，僞也。

載者，言而不信。謨者，謀而不忠。《書》曰："朕不食言。"

話、猷、載、行、訛，言也。

《詩》曰："愼爾出話。"猷者道，道亦言也。《周禮》曰："作盟詛之載。"今江東通謂語爲行。世以妖言爲訛。

遘、逢，遇也。

謂相遭遇。

遘、逢、遇，遻也。

轉復爲相觸遻。

遘、逢、遇、遻，見也。

行而相值，即見❷。

顯、昭、覲、釗、覯，見也。

顯、昭，明見也。《逸書》曰："釗我周王。"

---

❶ "埤益肶輔"，阮元《校勘記》："按，經先'肶'後'埤'，與注異。"

❷ "即見"，宋刻監本作"即是見"。

監、瞻、臨、涖、覝❶、相，視也。

皆謂察視也。

鞠、訩❷、溢，盈也。

《詩》曰：“降此鞠訩。”

孔、魄、哉、延、虛、無、之、言，間也。

孔穴、延魄、虛、無皆有間隙。餘未詳。

瘞、幽、隱、匿、蔽、竄，微也。

微，謂逃藏也。《左傳》曰：“其徒微之。”是也。

訖、徽、妥、懷、安、按、替、戾、底、厎❸、尼❹、定、曷、遏，止也。

妥者，坐也。懷者，至也。按，抑按也。❺替、廢皆止住也。戾、厎義見《詩傳》。《國語》曰：“戾久將厎。”《孟子》曰：“行或尼之。”❻今以逆相止爲遏。徽，未詳。

豫、射，厭也。

《詩》曰：“服之無斁。”豫，未詳。

烈、績，業也。

謂功業也。

---

❶ “覝”，底本作“䫲”，唐石經本、唐寫本（P.3719）、宋刻監本、宋刻單疏本皆作“覝”。阮元《校勘記》亦考當爲“覝”，據改。

❷ “訩”，阮元《校勘記》以爲衍字。

❸ “厎”，底本作“底”，宋刻監本作“厎”，據改。下文“戾久將厎”同。

❹ “尼”，唐寫本（P.3719）作“妮”。

❺ “按抑按也”，阮元《校勘記》：“監本‘按抑’下衍‘按也’二字。”

❻ “行或尼之”，今本《孟子》作“止或尼之”。

績、勳，功也。

謂功勞也。

功、績、質、登、平、明、考、就，成也。

功績皆有成。《詩》曰："質爾民人。"《禮記》曰："年穀不登。"《穀梁傳》曰："平者，成也。"事有分明，亦成濟也。

梏、梗、較、頲、庭、道，直也。

梏、梗、較、頲皆正直也。《詩》曰："既庭且碩。"頲、道，無所屈。

密、康，靜也。

皆安靜也。

豫、寧、綏、康、柔，安也。

皆見《詩》《書》。

平、均、夷、弟，易也。

皆謂易直。

矢，弛也。

弛，放。

弛❶，易也。

相延易。

希、寡、鮮，罕也。

罕亦希也。

鮮，寡也。

謂少。

---

❶ "弛"，唐寫本（P.3719）無此字。

酬、酢、侑，報也。

此通謂相報答。不主于飲酒。

毗劉，暴樂也。

謂樹木葉缺落，❶蔭疏暴樂，見《詩》。

觊髳，茀離也。

謂草木之叢茸翳薈也。茀離即彌離，彌離猶蒙龍耳。孫叔然字別爲義，失矣。

蠱、謟、貳，疑也。

蠱惑有貳心者，皆疑也。《左傳》曰："天命不謟。"謟，音綹。

楨❷、翰、儀，榦也。

《詩》曰："維周之翰。"儀表亦體榦。

弼、棐、輔、比，俌也。

《書》曰："天畏❸棐忱。"《易》曰："比，輔也。"俌猶輔也。

疆、界、邊❹、衞、圉，垂也。

疆場、竟界、邊旁、營衞、守圉，皆在外垂也。《左傳》曰："聊以固吾圉也。"

昌、敵、彊、應、丁，當也。

《書》曰："禹拜昌言。"彊者，好與物相當值。

---

❶ "謂樹木葉缺落"，宋刻監本同底本，宋刻單疏本作"謂樹葉缺落"。

❷ "楨"，唐寫本（P.3719）作"禎"，誤。

❸ "畏"，宋刻監本作"威"。

❹ "邊"，唐寫本（P.3719）此字後有"旁"字。

淳❶、肩、摇、動、蠢、迪、俶、厲，作也。

淳然，興作貌。蠢，動作。《公羊傳》曰："俶，甚也。"《穀梁傳》曰："始厲樂矣。"肩，見《書》。迪，未詳。

兹、斯、咨、呰、巳❷，此也。

呰、巳皆方俗異語。

嗟、咨，蹉也。

今河北人云蹉歎。音兔罝。

閑、狎、串、貫，習也。

串，厭串。貫，貫忕❸也，今俗語皆然。

曩、塵、佇❹、淹、留，久也。

塵垢、佇企、淹滯，皆稽久。

逮、及、暨，與也。

《公羊傳》曰："會及暨皆與也。"逮亦及也。

騭、假、格、陟、躋、登，陞也。

《方言》曰："魯、衛之間曰騭，梁、益曰格。"《禮記》曰："天王登遐。"《公羊傳》曰："躋者何？陞也。"

揮、盝、歇、涸，竭也。

《月令》曰："無漉陂池。"《國語》曰："水涸而成

---

❶ "淳"，唐寫本（P.3719）作"勃"。

❷ "巳"，底本作"巳"，注同。

❸ "忕"，底本、宋刻監本皆作"狀"，阮元《校勘記》云："單疏本'狀'作'忕'，從大是也。《釋文》亦誤……雪牕本、注疏本作'忕'，更誤。"據改。後文皆同。

❹ "佇"，唐寫本（P.3719）此字後有"滯"字。

梁。"揮振去水亦爲竭。歇，通語。

扺、拭、刷，清也。

振訊、扻拭、掃刷，皆所以爲絜①清。

鴻、昏、於、顯、間，代也。

鴻雁知運代。昏主代明，明亦代昏。顯即明也。間錯亦相
代。於，義未詳。

餡、饟，饋也。

《國語》曰："其妻餡之。"

遷、運，徙也。

今江東通言遷徙。

秉、拱，執也。

兩手持爲拱。

厥、熙，興也。

《書》曰："庶績咸熙。"厥，見《周官》。

衛、蹶、假，嘉也。

《詩序》曰："《假樂》，嘉成王也。"餘未詳。

廢、稅②、赦，舍也。

《詩》曰："召伯所稅。"舍，放置。

棲遲③、憩、休④、苦、赦、齂、呬，息也。

---

❶ "絜"，宋刻單疏本作"潔"。

❷ "稅"，唐寫本（P.3719）作"脫"。

❸ "棲"，底本、唐石經本作"捿"，誤。宋刻監本、宋刻單疏本作
"棲"，據改。"遲"，底本作"遟"，同"遲"。宋刻監本作"遅"，據
改，注同改。

❹ "休"，唐寫本（P.3719）此字後有"勞"字。

棲遲，遊息也。苦勞者，宜止息。憩見《詩》。齂、呬、
呬皆氣息貌。今東齊呼息爲呬也。

供、峙、共，具也。

皆謂備具。

愖、憐、惠，愛也。

愖，韓、鄭語，今江東通呼爲憐。

娠、蠢、震、豐、妯、騷、感、訛、蹶，動也。

娠，猶震也。《詩》曰："憂心且妯" "無感我帨
兮" "或寢或訛"。蠢、豐、騷、蹶，皆摇動貌。

覆、察、副，審也。

覆校、察視、副長，皆所爲審諦。

契、滅、殄，絶也。

今江東呼刻斷物爲契斷。

郡、臻、仍、迺、侯，乃也❶。

迺即乃。餘未詳。

迪❷、繇、訓，道❸也。

義皆見《詩》《書》。

僉、咸、胥，皆也。

東齊曰胥，見《方言》。

育、孟、耆、艾、正、伯，長也。

育、養亦爲長。正、伯皆官長。

---

❶ "迺侯乃也"，唐寫本（P.3719）"迺" "乃"互易。
❷ "迪"，唐寫本（P.3719）作"迪"，誤。
❸ "道"，唐寫本（P.3719）作"導"。

艾，歷也。

長者多更歷。

歷、秭、算，數也。

歷，歷數也。今以十億爲秭。《論語》云：“何足算
也。”

歷，傅也。

傅，近。

艾、歷、覰、胥，相也。

覰，謂相視也。《公羊傳》曰：“胥盟者何？相盟也。”
艾、歷，未詳。

乂、亂、靖、神、弗、淢，治也。

《論語》曰：“予有亂臣十人。❶”淢，《書序》作
“汩”，音同耳。神，未詳。餘並見《詩》《書》。

頤、艾、育，養也。

汝、穎、梁、宋之間曰艾，《方言》云。

汏❷、渾、隕，墜也。

汏、渾皆水落貌。

際、接、翜，捷也。

捷謂相接續也。

毖、神、溢❸，慎也。

---

❶ “予有亂臣十人”，阮元《校勘記》：“惠棟云：‘臣字俗人妄
加。’”

❷ “汏”，古同“汰”，宋刻單疏本正文及注文皆作“汏”，同
“汰”。唐寫本（P.3719）作“伏”。

❸ “溢”，唐寫本（P.3719）作“逸”。

神，未詳。餘見《詩》《書》。

鬱陶、繇，喜也。

《孟子》曰："鬱陶思君。"《禮記》曰："人喜則斯陶，陶斯詠，詠斯猶。"猶即繇也，古今字耳。

馘、穧，獲也。

今以獲賊耳爲馘，獲禾爲穧。並見《詩》。

阻、艱，難也。

皆險難。

剡、茢，利也。

《詩》曰："以我剡耜。"

允、任、壬❶，佞也。

《書》曰："而難任人。"允信者，佞人似信。壬，猶任也。

俾、拼、抨，使也。

皆謂使。今❷見《詩》。

俾、拼、抨、使，從也。

四者又爲隨從。

儴、仍，因也。

皆謂因緣。

董、督❸，正也。

皆謂御正。

---

❶ "壬"，唐寫本（P.3719）無此字。

❷ "今"，宋蜀大字本作"令"。

❸ "督"，底本作"督"，同"督"。唐寫本（P.3719）作"篤"，蓋誤。

享，孝也。

享祀，孝道。

珍、享，獻也。

珍物宜獻。《穀梁傳》曰："諸侯不享覲。"

縱、縮，亂也。

縱放、掣緒❶，皆亂法也。

探、篡、俘，取也。

《書》曰："俘厥寶玉。"篡者，奪取也。探者，摸取也。

徂、在，存也。

以徂爲存，猶以亂爲治、以曩爲曏、以故爲今。此皆詁訓，義有反覆旁通，美惡不嫌同名。

在、存、省、士❷，察也。

《書》曰："在璿璣玉衡。"士，理官，亦主聽察。存即在。

烈、枿，餘也。

晉、衛之間曰烈。陳、鄭之間曰蘗。❸

迓❹，迎也。

《公羊傳》曰："跛者迓跛者。"

---

❶ "掣緒"，宋刻監本作"掣縮"。
❷ "士"，唐寫本（P.3719）作"事"。
❸ 此注底本"烈"與"蘗"顛倒。
❹ "迓"，陸氏《釋文》："訝，五駕反，本又作'迓'。"阮元《校勘記》："按，《說文》：'訝，相迎也。從言，牙聲。'……《周禮·掌訝》注：'訝，迎也。'……此經當從陸本作'訝'。"

元❶、良，首也。

《左傳》曰："狄人歸先軫之元。"良，未聞。

薦、摯，臻也。

薦，進也。摯，至也。故皆爲臻。臻，至也。

賡、揚❷，續也。

《書》曰："乃賡載歌。"揚，未詳。

祔、祧，祖也。

祔，付也，付新死於祖廟。祧，毀廟主。

即，尼也。

即，猶今也。尼者，近也。《尸子》曰："悦尼而來遠。"

尼，定也。

尼者，止也。止亦定。

逼、幾、暱❸，近也。

暱，親近也。

妥、安❹，坐也。

《禮記》曰："妥而後傳命。"

貉❺、縮，綸也。

綸者，繩也。謂牽縛縮貉之。今俗語亦然。

---

❶ "元"，唐寫本（P.3719）此字後有"退"字。
❷ "揚"，唐寫本（P.3719）作"楊"。
❸ "暱"，唐寫本（P.3719）作"昵"。
❹ "安"，唐寫本（P.3719）無此字。
❺ "貉"，周氏《校箋》："《玉篇》系部'絡'下引'《爾雅》：絡，綸也'……又'縮'下亦引《爾雅》，注文'貉'亦作'絡'。"後"縮""綸"皆從"絲"。按，"貉"當爲"絡"。

貉、嗼、安，定也。

皆靜定。見《詩》。

伊，維也。

發語辭。

伊、維，侯也。

《詩》曰："侯誰在矣。"互相訓。

時、寔，是也。

《公羊傳》曰："寔來者何？是來也。"

卒、猷、假、輟，已❶也。

猷、假，未詳。

求、酋、在、卒、就，終也。

《詩》曰："嗣先公爾酋矣。"成就亦終也。其餘未詳。

崩、薨、無禄、卒、徂❷落、殰，死也。

古者死亡，尊卑同稱耳，故《尚書》堯曰"徂落"，舜曰"陟方乃死"。

釋言第二

殷、齊，中也。

---

❶ "已"，底本作"巳"。

❷ "徂"，唐寫本（P.3719）作"殂"。

《書》曰："以殷仲春。"《釋地》曰："岠齊州以南。"

斯、謤，離也。

齊、陳曰斯。謤，見《詩》。

謖、興，起也。

《禮記》曰："尸謖。"

還、復，返也。

宣、徇，徧也。

皆周徧也。

馹、遽，傳❶也。

皆傳❷車驛馬之名。

蒙、荒，奄也。

奄，奄覆也。皆見《詩》。

告、謁，請也。

皆求請也。

蕭、噰❸，聲也。

《詩》曰："蕭噰和鳴。"

格、懷❹，來也。

《書》曰："格尔眾庶。"懷，見《詩》。

---

❶ "傳"，唐寫本（P.3719）、宋刻單疏本皆作"轉"，宋刻監本作"傳"。

❷ "傳"，底本、宋刻監本作"轉"，宋刻單疏本作"傳"。《左傳·昭公二年》疏云："傳車，驛馬也。"據改。

❸ "噰"，唐寫本（P.3719）作"雍"。

❹ "懷"，唐寫本（P.3719）作"壞"。

畛、厎❶，致也。

皆見《詩傳》。

恀、怙，恃也。

今江東呼母爲恀。音是。

律、遹，述也。

皆敘述也。方俗語耳。

俞、畣，然也。

《禮記》曰：“男唯女俞。”畣者，應也，亦爲然。

豫、臚，敘也。

皆陳敘也。

庶幾，尚❷也。

《詩》曰：“不尚息焉。”

觀、指，示也。

《國語》曰：“且觀之兵。”

若、惠，順也。

《詩》曰：“惠然肯來。”

敖、憮❸，傲也。

《禮記》曰：“無憮，無傲。”傲，慢也。

幼、鞠，稚❹也。

《書》曰：“不念鞠子哀。”

---

❶ “厎”，唐石經本、宋刻監本與底本同，宋刻單疏本作“底”，
誤。

❷ “尚”，唐寫本（P.3719）作“上”。

❸ “憮”，宋刻單疏本作“撫”，誤。

❹ “稚”，宋刻單疏本作“離”，誤。

逸、諐，過也。

《書》曰："汝則有逸罰。"

疑、休，戾也。

戾，止也。疑者亦止。

疾、齊，壯也。

壯，壯事，謂速也。齊亦疾。

械、褊，急也。

皆急狹。

貿、賈，市也。

《詩》曰："抱布貿絲。"

厞、陋，隱也。

《禮記》曰："厞用席。"《書》曰："揚側陋。"

遏、遾，逮也。

東齊曰遏，北燕曰遾，皆相及逮。

征、邁，行也。

《詩》曰："王于出征。"邁亦行。

圮、敗，覆也。

謂毀覆。

荐、原，再也。

《易》曰："水荐至。"今呼重蠶爲厡。

憮、敉，撫也。

憮，愛撫也。敉義見《書》。

臞、脙，瘠也。

齊人謂瘠瘦爲脙。

恍、頴，充也。

皆充盛也。

屢、暱，亟也。

親暱者亦數。亟亦數也。

靡、罔，無也。

爽，差也。爽，忒也。

皆謂用心差錯，不專一。

佴，貳也。

佴次爲副貳。

劑、翦，齊也。

南方人呼翦刀爲劑刀。

饋、餾，稔也。

今呼餐飯爲饋，饋熟爲餾。

媵、將，送也。

《左傳》曰："以媵秦穆姬。"《詩》曰："遠于將之。"

作、造，爲也。

餤、餥，食也。

《方言》云："陳、楚之間相呼食爲餥。"

鞠❶、究，窮也。

皆窮盡也，見《詩》。

滷、矜、鹹❷，苦也。

滷，苦地也。可矜憐者亦辛苦。苦即大鹹。

---

❶ "鞠"，唐寫本（P.3719）作"鞫"。
❷ "矜鹹"，唐寫本（P.3719）作"𪉠"。

干❶、流，求也。

《诗》曰："左右流之。"

流，覃也。覃，延也。

皆謂蔓延相被及。

佻，偷也。

謂苟且。

潛，深也。潛、深，測也。

測亦水深之別名。

穀、鞠，生也。

《詩》曰："穀則異室。"

啜，茹也。

啜者，拾食。

茹、虞，度也。

皆測度也。《詩》曰："不可以茹。"

試、式，用也。

見《詩》《書》。

誥、誓，謹也。

皆所以約勒謹戒衆。

競、逐，彊也。

皆自勉彊❷。

禦、圉，禁也。

---

❶ "干"，唐寫本（P.3719）作"千求"。

❷ "彊"，宋刻監本作"強"。阮元《校勘記》云："按，此蓋經作'彊盛'字，注用'勉強'字。"注當作"強"。

禁制。

窒、薶❶，塞也。

謂塞孔穴。

黼、黻，彰也。

黼文如斧，黻文如兩己❷相背。

脣、身，親也。

謂躬親。

愷悌，發也。

發，發行也。《詩》曰："齊子愷悌。"

髦士，官也。

取俊士，令居官。

畯，農夫也。

今之嗇夫是也。

蓋、割，裂也。

蓋，未詳。

邕、支，載也。

皆方俗語，亦未詳。

諈諉，累也。

以事相屬累，爲諈諉。

漠、察，清❸也。

皆清明。

---

❶ "薶"，唐寫本（P.3719）作"霾"。

❷ "己"，底本作"已"，宋刻監本作"巳"，皆誤。

❸ "清"，唐寫本（P.3719）作"情"。

庇、庥，廕**❶**也。

今俗語呼樹蔭爲庥。

穀、履，禄也**❷**。

《書》曰："既富方穀。"《詩》曰："福履將之。"

履，禮也。

禮可以履行，見《易》。

隱，占也。

隱度。

逆，迎也。

憯，曾**❸**也。

發語辭。見《詩》。

增，益也。

今江東通言增。

寠，貧也。

謂貧陋。

蔓，隱也。

謂隱蔽。

僾，唈也。

嗚唈短氣，皆見《詩》。

基，經也。

基業所以自經營。

---

❶ "廕"，唐寫本（P.3719）作"蔭"。

❷ "履禄也"，唐寫本（P.3719）無此三字。

❸ "曾"，唐寫本（P.3719）作"憎"。

基，設也。

亦爲造設。

祺，祥也。

謂徵祥。

祺，吉也。

祥吉之先見。

兆，域也。

謂塋界。

肇，敏也。

《書》曰："肇牽車牛。"

挾，藏也。

今江東通言挾。

浹，徹也。

謂霑徹。

替，廢也。替，滅也。

亦爲滅絕。

速，徵也。徵，召也。

《易》曰："不速之客。"

琛，寶也。

《詩》曰："來獻其琛。"

探，試也。

刺探，嘗試。

髦，選也。

俊士之選。

髦，俊也。

士中之俊，如毛中之毫。

俾，職也。

使供職。

紕，飾也。

謂緣飾。見《詩》。

淩，慄也。

淩憬戰慄。

慄，感也。

戰慄者憂感。

蠲，明也。

蠲，清明貌。

茅，明也。

《左傳》曰："前茅慮無。"

明，朗也。

猷，圖也。

《周官》曰："以猷鬼神祇。"謂圖畫。

猷，若也。

《詩》曰："寔命不猷。"

偶，舉也。

《書》曰："偶爾戈。"

稱，好也。

物稱人意亦爲好。

坎、律，銓也。

《易·坎》卦主法。法、律皆所以銓量輕重。

矢，誓也。

相約誓。

舫，舟也。

並兩船。

泳，游也。

潛行游水底。

迨，及也。

東齊曰迨。

冥，幼也。

幼稚者冥昧。

降，下也。

傭，均也。

齊等。

強❶，暴也。

強梁淩暴。

疣❷，肆也。

輕疣者，好放肆。

肆，力也。

肆，極力。

俅，戴也。❸

《詩》曰："戴弁俅俅。"

瘱，幽也。

──────────

❶ "強"，宋刻單疏本作"彊"。阮元《校勘記》以爲此字當從"彊"。

❷ "疣"，唐寫本（P.3719）作"宪"。

❸ "俅戴也"，唐寫本（P.3719）作"求載也"。

幽亦藪也。

氂，斷也。

毛氂所以爲斷。

烘，燎也。

謂燒燎。

煁，烓也。

今之三隅竈。見《詩》。

陪，朝也。

陪位爲朝。

康，苛也。

謂苛刻。

樊，藩也。

謂藩籬。

賦，量也。

賦税所以評量。

粻，糧也。

今江東通言粻。

庶，侈也。

庶者衆多爲奢侈。

庶，幸也。

庶幾，僥倖。

筑，拾也。

謂拾掇。

奘，駔也。

今江東呼大爲駔。駔，猶麤也。

集，會也。

舫，泭也。

水中簰筏。

洵，均也。

謂調均。

洵❶，龕也。

未詳。

逮，遝也。

今荆、楚人皆云遝。音沓。

是，則也。

是，事可法則。

畫，形也。

畫者爲形象。

賑，富也。

謂隱賑，富有。

局，分也。

謂分部。

懠，怒也。

《詩》曰：“天之方懠。”音薺。

憮，聲也。

謂聲音。

葵，揆也。

《詩》曰：“天子葵之。”

---

❶ “洵”，唐寫本（P.3719）無此字。

揆，度也。

商度。

逮，及也。

愁，飢也。

愁然，飢意。

畛，重也。

謂厚重，見《左傳》。

獵，虐也。

淩獵，暴虐。

土，田也。

別二名。

戍，遏也。

戍守所以止寇賊。

師，人也。

謂人眾。

硈，鞏也。

硈然，堅固。

棄，忘也。

睸，閑也。

睸然，閑暇貌。

謀，心也。

謀慮以心。

獻，聖也。

《諡法》曰：“聰明睿智曰獻。”

里，邑也。

謂邑居。

襄，除也。

《詩》曰：“不可襄。”

振，古也。

《詩》曰：“振古如茲。”猶云久若此。

懟，怨也。

縭，介也。

縭者，繫。介，猶閡。

號，謼也。

今江東皆言謼。

凶，咎也。

苞，稹也。

今人呼物叢緻者爲稹。

迿，寙也。

相干寙。

頟，題也。

題，額也。《詩》曰：“麟之定。”

猷、肯，可也。

《詩》曰：“猷來無棄。”肯，今通言。

務，侮也。

《詩》曰：“外禦其侮。”

貽，遺也。

相歸遺。

貿，買❶也。

廣二名。

賄，財也。

甲，狎也。

謂習狎。

菼，騅❷也。

菼，薍也。

《詩》曰："毳衣如菼。"菼草色如騅，在青白之間。

粲，餐❸也。

今河北人呼食爲餐。

渝，變也。

謂變易。

宜，肴也。

《詩》曰："與子宜之。"

夷，悦也。

《詩》曰："我心則夷。"

顛，頂也。

頭上。

耋，老也。

八十爲耋。

---

❶ "買"，唐寫本（P.3719）作"賈"。
❷ "騅"，唐寫本（P.3719）作"萑"，誤。
❸ "餐"，唐寫本（P.3719）作"飱"，宋刻監本、宋刻單疏本皆作"餐"，注同。阮元《校勘記》："蓋《爾雅》作'飱'爲正字。《毛詩傳》作'餐'爲假借字。"

鶬，輕也。

《詩》曰："德鶬如毛。"

俴，淺也。

《詩》曰："小戎俴收。"

綯，絞也。

糾絞，繩索。

訛，化也。

《詩》曰："四國是訛。"

跋，躐也。

《詩》曰："狼跋其胡。"

疐，跲也。

《詩》曰："載疐其尾。"

烝，塵也。

人衆所以生塵埃。

戎，相也。

相佐助。

飫，私也。

宴飲之私。

孺，屬也。

謂親屬。

幕，暮也。

幕然，暮夜。

煽❶，熾也。熾，盛也。❷

互相訓。煽義見《詩》。

柢❸，本也。

謂根本。

窕，閒❹也。

窈窕，閒隙。

淪，率也。

相率使。

瘣，毒也。

憂思，慘毒。

檢，同也。

模範同等。

郵，過也。

道路所經過。

遜，遯也。

謂逃去。

蹶，踣也。

前覆。

債，僵也。

却偃。

畛，殄也。

---

❶ "煽"，唐寫本（P.3719）作"扇"。

❷ "熾盛也"，唐寫本（P.3719）作"扇熾也盛"。

❸ "柢"，唐寫本（P.3719）作"祗"。

❹ "閒"，唐寫本（P.3719）作"閑"。

謂殄絕。

曷，盍也。 ❶

盍，何不。

虹，潰也。

謂潰敗。

暗，闇也。

暗然，冥貌。

豞，膠也。

膠，黏豞。

孔，甚也。

厥，其也。

夏，禮也。

謂常禮。

闉，臺也。

城門臺。

囚，拘也。

謂拘執。

攸，所也。

展，適也。

得自申展，皆適意。

鬱，氣也。

鬱然氣出。

宅，居也。

---

❶ "曷盍也"，此句唐寫本（P.3719）作"遏合也"，誤。

休，慶也。

祈，叫也。

祈，祭者叫呼而請事。

潚、幽，深也。

潚亦深也。

哲，智也。

弄，玩也。

尹，正也。

謂官正也。

皇、匡，正也。

《詩》曰："四國是皇。"

服，整也。

服御之令齊整。

聘，問也。

見《穀梁傳》。

愧，慙也。

殛，誅也。

《書》曰："鯀則殛死。"

克，能也。

翌，明也。

《書》曰："翌日乃瘳。"

訩，訟也。

言訩譊❶。

---

❶ "譊"，宋刻監本作"讒"。

晦，冥也。

奔，走也。

逡，退也。

《外傳》曰："已復於事❶而逡。"

殣，仆也。

頓❷躓，倒仆。

亞，次也。

諗，念也。

相思念。

屆，極也。

有所限極。

弇❸，同也。

《詩》曰："弇❹有龜蒙。"

弇，蓋也。

謂覆蓋。

恫，痛也。

《詩❺》曰："神罔時恫。"

握，具也。

謂備具。

---

❶ "事"，宋刻監本作"士"，誤。

❷ "頓"，宋刻監本作"頻"。

❸ "弇"，底本作"奄"，唐寫本（P.3719）、唐石經本、宋刻監本皆作"弇"，據改。

❹ "奄"，阮元《校勘記》："按，'奄'當依經作'弇'。"

❺ "詩"，宋刻監本作"謂"，誤。

振，訊也。

振者奮迅。

閱，恨也。

相怨恨。

越，揚也。

謂發揚。

對，遂❶也。

《詩》曰："對揚王休。"

燬，火也。

《詩》曰："王室如燬。"燬，齊人語。

懈，怠也。

宣，緩也。

謂寬緩。

遇，偶也。

偶爾相值遇。

曩，曏也。

《國語》曰："曩而言戲也❷。"

偟，暇也。

《詩》曰："不遑啓處。"

宵，夜也。

懊，忨也。

---

❶ "遂"，唐寫本（P.3719）作"逐"。

❷ "也"，阮元《校勘記》："按，《國語·晉語》作'曩而言戲乎'。"

謂愛忨。

愒，貪也。

謂貪羨。

楮，柱❶也。

相楮柱。

裁，節也。

並，併也。

《詩》曰："並坐鼓瑟。"

卒，既也。

既，已。

憪，慮也。

謂謀慮也。

將，資❷也。

謂資裝。

䋎❸，紩也。

今人呼縫紩衣爲䋎。

遞，迭也。

更迭。

矤，況也。

譬況。

廩，瘽也。

---

❶ "柱"，唐寫本（P.3719）作"拄"。

❷ "資"，唐寫本（P.3719）作"咨"。

❸ "䋎"，底本、宋刻監本作"䌷"，注同。宋刻單疏本作"䋎"，據改。

或説云即倉廩。所未詳。

逭❶，逃也。

亦見《禮記》。

訊❷，言也。

相問訊。

間，倪也。

《左傳》謂之諜。今之細作也。

沄，沉也。

水流沄沄。

干，扦❸也。

相扦衛。

趾，足也。

足，脚。

跰，刖也。

斷足。

襄，駕也。

《書》曰："懷山襄陵。"

忝，辱也。

燠，煖也。

今江東通言燠。

塊，堛也。

---

❶ "逭"，唐寫本（P.3719）作"涫"，誤。
❷ "訊"，唐寫本（P.3719）作"誶"。
❸ "扦"，唐寫本（P.3719）作"扤"，誤。

土塊也。《外傳》曰："枕由以塯。" ❶

將，齊也。

謂分齊也。《詩》曰："或肆或將。"

䎱，饘也。

糜也。

啓，跪也。

小跽。

曈，密也。

謂緻密。

開，闢也。

《書》曰："闢四門。"

袍，襺也。

《左傳》曰："重襺衣裘。"

障❷，畛也。

謂壅障。

靦，姡❸也。

面姡然。

鬻，糜也。

淖糜。❹

舒，緩也。

謂遲緩。

---

❶ 此條正文及注宋刻監本脱。

❷ "障"，唐寫本（P.3719）作"鄣"。

❸ "姡"，唐寫本（P.3719）作"姤"，誤。

❹ 此條正文及注宋刻單疏本脱。

翢❶，纛也。

今之羽葆幢。

纛，翳也。

舞者所以自蔽翳。

隍，壍也。

城池空者爲壍。

芼，搴也。

謂拔取菜。

典，經也。

威，則也。

威儀可法則。

苛，妎也。

煩苛者多嫉妎。

茀❷，小也。

茀者，小貌。

迷，惑也。

狃，復也。

狃忕，復爲。

逼，迫也。

般，還也。

《左傳》曰："般馬之聲。"

班，賦也。

---

❶ "翢"，宋刻單疏本作"翿"。

❷ "茀"，唐寫本（P.3719）作"茀"，誤。

謂布與。

濟，渡也。

濟，成也。

濟，益也。

所以廣異訓，各隨事爲義。

緍，綸也。

《詩》曰："維絲伊緍。"緍，繩也。江東謂之綸。

辟，歷也。

未詳。❶

漐，盨也。

漉，漉出涎沫。

寬，綽也。

謂寬裕也。

袞，黻也。

袞衣有黻文。

華，皇也。

《釋草》曰："葟，華榮。"

昆，後也。

謂先後，方俗語。

彌，終也。

終，竟也。

---

❶ 此條正文及注宋刻單疏本脱。

釋訓第三

明明、斤斤，察也。
皆聰明鑒察。

條條、秩秩，智也。
皆智思深長。

穆穆、肅肅，敬也。
皆容儀謹敬。

諸諸、便便，辯也。
皆言辭辯給。

肅肅、翼翼，恭也。
皆恭敬。

雝雝❶、優優，和也。
皆和樂。

兢兢、憮憮，戒也。
皆戒慎。

戰戰、蹌蹌，動也。
皆恐動趨步。

晏晏、温温，柔也。

---

❶ "雝雝"，唐寫本（P.3719）作"雍雍"。

皆和柔。

業業、翹翹，危也。

皆懸危。

惴惴、憢憢，懼也。

皆危懼。

番番、矯矯，勇也。

皆壯勇之貌。

桓桓、烈烈，威也。

皆嚴猛之貌。

洸洸、赳赳，武也。

皆果❶毅之貌。

藹藹、濟濟，止也。

皆賢士盛多之容止。

悠悠、洋洋❷，思也。

皆憂思。

蹶蹶、踏踏，敏也。

皆便速敏捷。

薨薨、增增，衆也。

皆衆夥之貌。

烝烝、遂遂，作也。

皆物盛興作之貌。

---

❶ "果"，阮元《校勘記》："按，'慄毅'字當從'心'，見《釋詁》。"

❷ "洋洋"，唐寫本（P.3719）作"楊楊"。

委委、佗佗，美也，

皆佳麗美艷之貌。

恀恀、惕惕，愛也。

《詩》云：“心焉惕惕。”《韓詩》以爲悦人，故言愛
也。恀恀，未詳。

偊偊、格格，舉也。

皆舉持物。

蓁蓁、孽孽，戴也。

皆頭戴物。

懕懕、媞媞，安也。

皆好人安詳之容。

祁祁❶、遲遲，徐也。

皆安徐。

丕丕、簡簡，大也。

皆多大。

存存、萌萌，在也。

萌萌，未見所出。

懋懋、慔慔，勉也。

皆自勉強。

庸庸、慅慅，勞也。

皆劬勞也。

赫赫、躍躍，迅也。

---

❶ “祁祁”，後“祁”，底本作“祈”，宋刻監本、宋刻單疏本皆作
“祁”，據改。

皆盛疾之貌。

綽綽、爰爰，緩也。

皆寬緩也。悠悠、偁偁、丕丕、簡簡、存存、懋懋、庸庸、綽綽，盡重語。

坎坎、墫墫，喜也。

皆鼓舞懽喜。

瞿瞿、休休，儉也。

皆良士節儉。

旭旭、蹻蹻，憍也。

皆小人得志，憍蹇之貌。

夢夢、訰訰，亂也。

皆闇亂。

懯懯、遢遢，悶也。

皆煩悶。

儚儚、佪佪❶，惽也。

皆迷惽。

版版、盪盪，僻也。

皆邪僻。

爞爞、炎炎，薰也。

皆旱熱薰炙人。

居居、究究，惡也。

皆相憎惡。

---

❶ "佪佪"，諸本皆作"洄洄"，阮元《校勘記》："當作'佪佪'。"據改。

仇仇、敖敖，傲也。

皆傲慢賢者。

佌佌、瑣瑣，小也。

皆才器細陋。

悄悄、慘慘，慍也。

皆賢人愁恨。

痡痡、瘏瘏❶，病也。

皆賢人失志，懷憂病也。

殷殷、惸惸、忉忉、慱慱、欽欽、京京、忡忡、惙
惙、恔恔、弈弈，憂也。

此皆作者歌事以詠心憂。

畇畇，田也。

言墾辟也。

暴暴，耘也。

言嚴利。

郝郝，耕也。

言土解。

繹繹，生也。

言種調。

穟穟，苗也。

言茂好也。

___

❶ "瘏瘏"，底本作"瘦瘦"，宋刻監本作"瘏瘏"，《爾雅義
疏》："《漢書·宣帝紀》云：'瘏死獄中。'蘇林注：'瘏，病也。囚徒
病，律名爲瘏。'"據改。

緜緜，穮也。
言芸精。

挃挃，穫也。
刈禾聲。

栗栗，衆也。
積聚緻。

溞溞，淅也。
洮米聲。

烰烰，烝也。
氣出盛。

俅俅，服也。
謂戴弁服。

峨峨，祭也。
謂執圭璋助祭。

鍠鍠，樂也。
鐘❶鼓音。

穰穰，福也。
言饒多。

子子孫孫，引無極也。
世世昌盛長無窮。

顒顒卬卬，君之德也。
道君人者之德望。

丁丁、嚶嚶，相切直也。

---

❶ "鐘"，宋刻監本作"鍾"，《說文》釋"鍾"："酒器也。"誤。

丁丁，斫木聲。嚶嚶，兩鳥鳴。以喻朋友切磋相正。

藹藹、萋萋，臣盡力也。

梧桐茂，賢士眾，地極化，臣竭忠。

噰噰、喈喈，民協服也。

鳳凰❶應德鳴相和，百姓懷附興頌歌。

佻佻、契契，愈遐急也。

賦役不均，小國困竭。賢人憂歎，遠益急切。

宴宴、粲粲，尼居息也。

盛飾宴安，近處優閑。

哀哀、悽悽，懷報德也。

悲苦征役，思所生也。

儵儵、嘒嘒，罹禍毒也。

悼王道穢塞，羨蟬鳴自得，傷已失所，遭讒賊。

晏晏、旦旦，悔爽忒也。

傷見絕棄，恨士❷失也。

皋皋、琄琄，刺素食也。

譏無功德，尸寵祿也。

懂懂、慆慆，憂無告也。

賢者憂懼，無所訴也。

憲憲、泄泄，制法則也。

佐興虐政，設教令也。

謔謔、謞謞，崇讒慝也。

---

❶ "凰"，宋刻監本作"皇"。

❷ "士"，宋刻單疏本缺此字。

樂禍助虐，增譖惡也。

翕翕、訿訿，莫供職也。

賢者陵替姦黨熾，背公恤私曠職事。

速速、蹙蹙，惟逑鞠也。

陋人專祿國侵削，賢士永哀念窮迫。

抑抑，密也。

威儀審諦。

秩秩，清也。

德音清泠。

甹夆，掣曳也。

謂牽扡❶。

朔，北方也。

謂幽朔。

不俟，不來也。

不可待，是不復來。

不遹，不蹟也。

言不循軌跡也。

不徹，不道也。

徹亦道也。

勿念，勿忘也。

勿念，念也。

蔑、孛，忘也。

___

❶ "扡"，宋刻單疏本同，宋刻監本作"柁"，誤。

義見《伯兮》《考盤❶》詩。

每有，雖也。

《詩》曰："每有良朋。"辭之雖也。

饎，酒食也。

猶今云饎饌，皆一語而兼通。

舞、號，雩也。

雩之祭，舞者吁嗟而請雨。

暨，不及也。

《公羊傳》曰："及我欲之，暨不得已❷。"暨不得已，是不得及。

蠢，不遜也。

蠢動爲惡，不謙遜也。

"如切如磋"，道學也。

骨象須切磋而爲器，人須學問以成德。

"如琢如磨"，自脩也。

玉石之被雕磨，猶人自脩飾。

"瑟兮僩兮"，恂慄也。

恒戰竦。

"赫兮烜兮"，威儀也。

貌光宣。

"有斐❸君子，終不可諼兮"。

---

❶ "考盤"，今本《詩經》作"考槃"。

❷ "已"，底本作"巳"，宋刻監本作"已"，今本《公羊傳》作"已"，據改。

❸ "斐"，今本《詩經》作"匪"。

斐，文貌。

道盛德至善，民之不能忘也。

常思詠。

"既微且尰"，骭瘍爲微，腫足爲尰。

骭，脚脛。瘍，瘡❶。

"是刈是穫"，鑊，煑之也。❷

煑葛爲絺綌。

"履帝武敏"。武，迹也；敏，拇也。

拇迹，大指處。

"張仲孝友"，善父母爲孝，善兄弟爲友。

周宣王時賢臣。

"有客宿宿"，言再宿也。"有客信信"，言四宿也。

再宿爲信，重言之，故知四宿。

美女爲媛。

所以結好媛。

美士爲彥。

人所彥詠。

"其虛其徐"，威儀容止也。

雍容都雅之貌。

"猗嗟名兮"，目上爲名。

---

❶ "瘡"，宋刻監本作"創"。阮元《校勘記》："按，'瘡'俗'創'字。"

❷ 此句"穫鑊"二字，唐石經本同，宋刻單疏本作"濩濩"，今本《詩經》正義作"濩濩"。

眉眼之間。

"式微式微"者，微乎微者也。

言至微。

"之子"者，是子也。

斥所詠。

"徒御不驚"，輦者也。

步挽輦車。

襢裼，肉袒也。

脫衣而見體。

暴虎，徒搏也。

空手執也。

馮河，徒涉也。

無舟楫。

籧篨，口柔也。

籧篨之疾，不能俯。口柔之人，視人顏色常亦不伏，因以名云。

戚施，面柔也。

戚施之疾，不能仰。面柔之人常俯似之，亦以名云。

夸毗，體柔也。

屈己卑身，以柔順人也。

婆娑，舞也。

舞者之容。

擗❶，拊心也。

---

❶ "擗"，宋刻監本作"辟"，誤。

謂椎髻也。

矜、憐，撫掩之也。

撫掩猶撫拍，謂慰恤也。

緎，羔裘之縫也。

縫飾羔皮之名。

殿屎，呻也。

呻吟之聲。

幬，謂之帳。

今江東亦謂帳爲幬。

俷張，誑也。

《書》曰："無或俷張爲幻。"幻惑欺誑人者。

誰昔，昔也。

誰，發語辭。

不辰，不時也。

辰亦時也。

凡曲者爲罶。

《毛詩傳》曰："罶，曲梁也。"凡以簿❶爲魚笱者，名爲罶。

鬼之爲言歸也。

《尸子》曰："古者謂死人爲歸人。"

---

❶ "簿"，宋刻監本作"薄"。

釋親第四

父爲考，母爲妣。

《禮記》曰："生曰父、母、妻，死曰考、妣、嬪。"今世學者從之。按❶，《尚書》曰："大傷厥考心""事厥考厥長""聰聽祖考之彝訓""如喪考妣"。《公羊傳》曰："惠公者何？隱之考也。仲子者何？桓之母也。"《蒼❷頡篇》曰："考妣延年。"《書》曰："嬪于虞。"《詩》曰："聿嬪于京。"《周禮》有九嬪之官，明此非死生之異稱矣。其義猶今謂兄爲晜，妹爲娣。即是此例也。

父之考爲王父，父之妣爲王母。

加王者尊之。

王父之考爲曾祖王父，王父之妣爲曾祖王母。

曾猶重也。

曾祖王父之考爲高祖王父，曾祖王父之妣爲高祖王母。

高者言最在上。

父之世父、叔父爲從祖祖父，父之世母、叔母爲從祖

---

❶ "按"，宋刻監本作"案"。
❷ "蒼"，宋刻監本作"蒼"，誤。

祖母。

從祖而別世統異故。

父之昆弟先生爲世父，後生爲叔父。

世有爲嫡者嗣世統故也。

男子先生爲兄，後生爲弟。男子謂女子先生爲姊，後生爲妹。父之姊妹爲姑。父之從父昆弟爲從祖父，父之從祖昆弟爲族父。族父之子相謂爲族昆弟，族昆弟之子相謂爲親同姓。

同姓之親無服屬。

兄之子、弟之子，相謂爲從父昆弟。

從父而別。

子之子爲孫。

孫猶後也。

孫之子爲曾孫。

曾猶重也。

曾孫之子爲玄孫。

玄者言親屬微昧也。

玄孫之子爲來孫。

言有往來之親。

來孫之子爲昆❶孫。

---

❶ "昆"，阮元《校勘記》："《史記索隱·孟嘗君列傳》《漢書·惠帝紀》師古注皆引《爾雅》：'來孫之子爲昆孫，昆孫之子爲仍孫。'是。唐初本《爾雅》作'昆孫'，開成石經始誤爲'晜'。……郭注'晜，後也'及'不窋之晜孫'，二'晜'字皆當作'昆'。邢疏云：'晜，後也，《釋言》文。'今《釋言》作：'昆，後也。'可證。"

晜，後也。《汲冢竹書》曰："不窋❶之晜孫。"

晜孫之子爲仍孫。

仍亦重也。

仍孫之子爲雲孫。

言輕遠如浮雲。

王父之姊妹爲王姑，曾祖王父之姊妹爲曾祖王姑，高祖王父之姊妹爲高祖王姑，父之從父姊妹爲從祖姑，父之從祖姊妹爲族祖姑。父之從父晜弟之母爲從祖王母，父之從祖晜弟之母爲族祖王母。父之兄妻爲世母，父之弟妻爲叔母。父之從父晜弟之妻爲從祖母。父之從祖晜弟之妻爲族祖母。父之從祖祖父爲族曾王父，父之從祖祖母爲族曾王母。父之妾爲庶母。祖，王父也。晜，兄也。

今江東人通言晜。

宗族

母之考爲外王父，母之妣爲外王母。母之王考爲外曾王父，母之王妣爲外曾王母。

異姓，故言外。

母之晜弟爲舅，母之從父晜弟爲從舅。母之姊妹爲從母。從母之男子爲從母晜弟，其女子子爲從母姊妹。

母黨

妻之父爲外舅，妻之母爲外姑。

---

❶ "窋"，宋刻監本作"窋"。

謂我舅者，吾謂之甥。然則亦宜呼壻爲甥。《孟子》曰：
"帝館甥于二室。"是。

**姑之子爲甥，舅之子爲甥。妻之昆弟爲甥，姊妹之夫
爲甥。**

四人體敵，故更相爲甥。甥猶生也。今人相呼蓋依此。

妻之姊妹同出爲姨。

同出謂俱已❶嫁。《詩》曰："邢侯之姨。"

女子謂姊妹之夫爲私。

《詩》曰："譚公維私。"

男子謂姊妹之子爲出。

《公羊傳》曰："蓋舅出。"

女子謂昆弟之子爲姪。

《左傳》曰："姪其從姑。"

**謂出之子爲離孫，謂姪之子爲歸孫，女子子之子爲外
孫。女子同出，謂先生爲姒，後生爲娣。**

同出，謂俱嫁事一夫。《公羊傳》曰："諸侯娶一國，二
國往媵之，以姪娣從。娣者何？弟也。"此即其義也。

女子謂兄之妻爲嫂，弟之妻爲婦。

猶今言新婦是也。

長婦謂稚婦爲娣婦，娣婦謂長婦爲姒婦。

今相呼先後或云妯娌。

妻黨

---

❶ "已"，底本、宋刻監本皆作"巳"。

婦稱夫之父曰舅，稱夫之母曰姑。姑舅在，則曰君舅、君姑；没，則曰先舅、先姑。

《國語》曰："吾聞之先姑。"

謂夫之庶母爲少姑，夫之兄爲兄公。

今俗呼兄鐘，語之轉耳。

夫之弟爲叔，夫之姊爲女公。夫之女弟爲女妹。

今謂之女妹是也。

子之妻爲婦。長婦爲嫡婦，衆婦爲庶婦。女子子之夫爲壻。壻之父爲姻，婦之父爲婚。父之黨爲宗族，母與妻之黨爲兄弟。婦之父母、壻之父母，相謂爲婚姻。兩壻相謂爲亞。

《詩》曰："瑣瑣姻亞。"今江東人呼同門爲僚壻。

婦之黨爲婚兄弟，壻之黨爲姻兄弟。

古者皆謂婚姻爲兄弟。

嬪，婦也。

《書》曰："嬪于虞。"

謂我舅者，吾謂之甥也。

婚姻

《爾雅》卷上

經四千一百三十二字

注五千四百一十六字

卷中

釋宮第五

宮謂之室，室謂之宮。

皆所以通古今之異語，明同實而兩名。

牖戶之間謂之扆。

窻東戶西也。《禮》云："斧扆者，以其所在處名之。"

其內謂之家。

今人稱家，義出於此。

東西牆謂之序。

所以序別內外。

西南隅謂之奧。

室中隱奧之處。

西北隅謂之屋漏。

《詩》曰："尚不愧於屋漏。"其義未詳。

東北隅謂之宧。

宧見《禮》，亦未詳。

東南隅謂之窔。

《禮》曰："埽❶室聚窔。"窔亦隱闇。

柣謂之閾。

---

❶ "埽"，底本作"婦"，宋刻監本作"埽"，據改。

閾，門限。

根謂之楔。

門兩旁木。

楣謂之梁。

門戶上橫梁。

樞謂之椳。

門戶扉樞。

樞達北方謂之落時。

門持樞者，或達北檼以爲固也。

落時謂之戹。

道二名也。

坦謂之坫。

在堂隅。坫，端也。

牆謂之墉。

《書》曰：“既勤垣墉。”

鏝謂之杇。

泥鏝。

椹謂之榩。

斫木櫍也。

地謂之黝。

黑飾地也。

牆謂之堊。

白飾牆也。

樴謂之杙。

橜也。

在牆者謂之楎。

《禮記》曰："不敢縣於夫之楎椸。"

在地者謂之臬。

即門橜也。

大者謂之栱，長者謂之閣。

別代所在長短之名。

閣謂之臺。

積土四方。

有木者謂之榭。

臺上起屋。

雞棲於弋爲榤，鑿垣而棲爲塒。

今寒鄉穿牆棲雞，皆見《詩》。

植謂之傳，傳謂之突。

户持鏁植也。見《埤蒼》。

宋廇謂之梁。

屋大梁也。

其上楹謂之梲。

侏儒柱也。

關謂之槉。

柱上欂也。亦名枅，又曰楷。

栭謂之楶。

即櫨也。

棟謂之桴。

屋檼。

桷謂之榱。

屋橑。

桷直而遂謂之閲。

謂五架屋際椽正相當。

直不受檐謂之交。

謂五架屋際椽不直，上檐交於檼上。

檐謂之樀。

屋梠。

容謂之防。

形如今牀頭小曲屏風，唱射者所以自防隱。見《周禮》。

連謂之移❶。

堂樓閣邊小屋，今呼之簃廚、連觀也。

屋上薄謂之筄。

屋笮。

兩階間謂之鄉。

人君南鄉當階間。

中庭之左右謂之位。

羣臣之列位也。

門屏之間謂之宁。

人君視朝所宁立處。

屏謂之樹。

小牆當門中。

閎謂之門。

《詩》曰："祝祭於祊。"

---

❶ "移"，宋刻監本、宋刻單疏本皆作"簃"。

正門謂之應門。

朝門。

觀謂之闕。

宮門雙闕。

宮中之門謂之闈。

謂相通小門也。

其小者謂之閨，小閨謂之閣。

大小異名。

衖門謂之閎。

《左傳》曰："盟諸僖閎。"閎，衖頭門。

門側之堂謂之塾。

夾門堂也。

橛謂之闑。

門闑。

闔謂之扉。

《公羊傳》曰："齒著于門闔。"

所以止扉謂之閎。

門辟旁長橛也。《左傳》曰："高其閈閎。"閎，長杙，
即門橜也。

瓴甋謂之甓。

甎甎也。今江東呼瓴甓。

宮中衖謂之壺。

巷閣間道。

廟中路謂之唐。

《詩》曰："中唐有甓。"

堂途謂之陳。

堂下至門徑也。

路、旅，途也。

途即道也。

路、場、猷、行，道也。

博❶説道之異名。

一達謂之道路。

長道。

二達謂之岐旁。

岐，道旁出也。

三達謂之劇旁。

今南陽冠軍樂鄉數道交錯，俗呼之五劇鄉。

四達謂之衢。

交道四出。

五達謂之康。

《史記》所謂康莊之衢。

六達謂之莊。

《左傳》曰："得慶氏之木百車於莊。"

七達謂之劇驂。

三道交，復有一岐出者。今北海劇縣有此道。

八達謂之崇期。

四道交出。

九達謂之逵。

---

❶ "博"，底本作"博"，古同"博"。宋刻監本作"博"，據改。

四道交出，復有旁通。

室中謂之時，堂上謂之行，堂下謂之步，門外謂之趨，中庭謂之走，大路謂之奔。

此皆人行步趨走之處，因以名云。

隄謂之梁。

即橋也。或曰"石絕水者爲梁"，見《詩傳》。

石杠謂之徛。

聚石水中以爲步渡彴也。《孟子》曰："歲十月❶，徒杠成。"或曰"今之石橋"。

室有東西廂曰廟，

夾室前堂。

無東西廂，有室曰寢，

但有大室。

無室曰榭，

榭即今堂堭。

四方而高曰臺，陝而修曲曰樓。

脩，長也。

---

❶ "十月"，今本《孟子》作"十一月"。

釋器第六

木豆謂之豆。

豆，禮器也。

竹豆謂之籩。

籩亦禮器。

瓦豆謂之登。

即膏登也。

盎謂之缶。

盆也。

甌瓿謂之瓵。

瓿甄小罌，長沙謂之瓵。

康瓠謂之甈。

瓠壺也。賈誼曰❶："寶康瓠是也。"

斫斸謂之定。

鋤屬。

斫謂之鐯。

钁也。

㾭謂之鏈。

皆古鍬鍤字。

緵罟謂之九罭。九罭，魚罔也。

今之百囊罟是亦謂之罬。今江東呼爲緵。

嫠婦之笱謂之罶。

《毛詩傳》曰："罶，曲梁也。"謂以簿❶爲魚笱。

翼謂之汕。

今之撩罟。

篧謂之罩。

捕魚籠也。

槮謂之涔。

今之作槮者，聚積柴木於水中，魚得寒入其裏藏隱，因以簿圍捕取之。

鳥罟謂之羅。

謂羅，絡之。

兔罟謂之罝。

罝，猶遮也。見《詩》。

麋罟謂之罞。

冒其頭也。

彘罟謂之羉。

羉，幕也。

魚罟謂之眾。

最大罟也。今江東云。

繴謂之罿。罿，罬也。罬謂之罦。罦，覆車也。

---

❶ "簿"，宋刻監本作"薄"。

100

今之翻車也。有兩轅，中施罥以捕鳥。展轉相解，廣異語。

絢謂之救。

救絲以爲絢。或曰亦罥名。

律謂之分。

律管可以分氣。

大版謂之業。

築牆版也。

繩之謂之縮之。

縮者約束之。《詩》曰："縮版以載。"

彝、卣、罍，器也。

皆盛酒尊。彝，其揔名。

小罍謂之坎。

罍形似壺，大者受一斛。

衣梳謂之裞。

衣縷也。齊人謂之攣。或曰袿衣之飾。

黼領謂之襮。

繡刺黼文以褗領。

緣謂之純。

衣緣，飾也。

衭謂之裻。

衣開孔也。

衣眥謂之襟。

交領。

祓謂之裾。

衣後裾也。

衿謂之袼。

衣小帶。

佩衿謂之緣。 ❶

佩玉之帶上屬。

執衽謂之袺。

持衣上衽。

扱衽謂之襭。

扱衣上衽於帶。

衣蔽前謂之襜。

今蔽膝也。

婦人之褘謂之縭。縭，緌也。

即今之香纓也。褘邪交落，帶繫於體，因名爲褘。緌，
繫也。

裳削幅謂之纀。

削殺其幅，深衣之裳。

輿革前謂之鞎，

以韋靶車軾。

後謂之笰，

以韋靶後戶。

竹前謂之禦，

以簟衣軾。

---

❶ "佩衿謂之緣"，"衿"，宋刻監本作"衿"，誤。"緣"，底本
作"緣"，訛。

後謂之蔽。

以簟衣後户。

環謂之捐。

著車衆環。

鑣謂之钀。

馬勒旁鐵。

載彎謂之轙。

車軛上環，彎所貫也。

彎首謂之革。

彎，靶勒。見《詩》。

餕謂之餘。

說物臭也。

食饐謂之餲。

飯饐臭。見《論語》。

摶者謂之糫，

飯相著。

米者謂之糪。

飯中有腥。

肉謂之敗。

臭壞。

魚謂之餒。

肉爛。

肉曰脫之，

剝其皮也。今江東呼麋鹿之屬通爲肉。

魚曰斮之。

謂削鱗也。

冰，脂也。

《莊子》云："肌膚若冰雪。"冰雪，脂膏也。

肉謂之羹，

肉臛也。《廣雅》曰"湆"。見《左傳》。

魚謂之鮨。

鮨，鮓屬也。見《公食大夫禮》。

肉謂之醓，

肉醬。

有骨者謂之臡。

雜骨醬。見《周禮》。

康謂之蠱。

米皮。

澱謂之垽。

澱，滓也。❶今江東呼垽。

鼎絶大謂之鼐，

最大者。

圜弇上謂之鼒，

鼎斂上而小口。

附耳外謂之釴，

鼎耳在表。

款足者謂之鬲。

---

❶　"澱滓也"，底本作"滓澱也"，阮元《校勘記》："按，'滓澱也'當作'澱滓也'。"據改。

鼎曲脚也。

䰝謂之鬲。

《詩》曰："溉之釜鬵。"

鬵，鉹也。

涼州呼鉹。

璲，瑞也。

《詩》曰："鞙鞙佩璲。"璲者，玉瑞。

玉十謂之區。

雙玉曰瑴，五瑴爲區。

羽本謂之翮。

鳥羽根也。

一羽謂之箴，十羽謂之縛，百羽謂之緷。

別羽數多少之名。

木謂之虡。

縣鐘磬之木，植者名虡。

旄謂之藣。

旄牛尾也。

菜謂之蔌。

蔌者，菜茹之揔名。見《詩》。

白蓋謂之苫。

白茅苫也❶。今江東呼爲蓋。

黃金謂之璗，其美者謂之鏐。白金謂之銀，其美者謂之鐐。

---

❶ "苫也"，宋刻監本作"苫也也"，"苫"，誤，又衍一"也"字。

此皆道金、銀之別名及精者。鏐，即紫磨金。

餅金謂之鈑。

《周禮》曰："祭五帝即供金鈑。"是也。

錫謂之鈏。

白鑞。

象謂之鵠，角謂之觷，犀謂之剒，木謂之劇，玉謂之雕。

《左傳》曰："山有木，工則劇之。"五者皆治樸之名。

金謂之鏤，木謂之刻，骨謂之切，象謂之磋，玉謂之琢，石謂之磨。

六者皆治器之名。

璆、琳，玉也。

璆、琳，美玉名。

簡謂之畢。

今簡札也。

不律謂之筆。

蜀人呼筆爲不律也，語之變轉。

滅謂之點。

以筆滅字爲點。

絕澤謂之銑。

銑即美金，言最有光澤也。《國語》曰："珙之以金銑者。❶"謂此也。

---

❶ "珙之以金銑者"，"珙"，宋刻單疏本同，宋刻監本作"玦"，誤。宋刻單疏本無"者"字。

金鏃翦羽謂之鏉，

今之錍箭是也。

骨鏃不翦羽謂之志。

今之骨骲是也。

弓有緣者謂之弓，

緣者繳纏之，即今宛轉也。

無緣者謂之弭。

今之角弓也。《左傳》曰："左執鞭弭。"

以金者謂之銑，以蜃者謂之珧，以玉者謂之珪。

用金、蚌、玉飾弓兩頭，因取其類以爲名。珧，小蚌。

珪大尺二寸謂之玠，

《詩》曰："錫爾玠珪。"

璋大八寸謂之琡，

璋，半珪也。

璧大六寸謂之宣。

《漢書》所云"瑄玉"是也。

肉倍好謂之璧，

肉，邊。好，孔。

好倍肉謂之瑗，

孔大而邊小。

肉好若一謂之環。

孔邊適等。

繸，綬也。

即佩玉之組，所以連繫瑞玉者，因通謂之繸。

一染謂之縓，

今之紅也。

再染謂之䞓,

淺赤。

三染謂之纁。

纁,絳也。

青謂之葱,

淺青。

黑謂之黝,

黝,黑貌。《周禮》曰:"陰祀用黝牲。"

斧謂之黼。

黼文畫斧形,因名云。

邸謂之柢。

根柢,皆物之邸。邸即底❶,通語也。

雕謂之琢。

治玉名也。

蓐謂之茲。

《公羊傳》曰:"屬負茲。"茲者,蓐席也。

竿謂之箷。

衣架。

簀謂之笫。

牀版。

革中絕謂之辨。

中斷皮也。

---

❶ "底",宋刻監本作"底"。

革中辨謂之韇。

復分半也。

鏤，銗也。

刻鏤物爲銗。

卣，中尊也。

不大不小者。

釋樂第七

宮謂之重，商謂之敏，角謂之經，徵謂之迭，羽謂之柳。

皆五音之別名。其義未詳。

大瑟謂之灑。

長八尺一寸，廣一尺八寸，二十七絃。

大琴謂之離。

或曰，琴大者二十七絃，未詳長短。《廣雅》曰：“琴長三尺六寸六分，五絃。”

大鼓謂之鼖，

鼖長八尺。

小者謂之應。

《詩》曰：“應棘縣鼓。”在大鼓側。

大磬謂之馨。

馨形似犁錧，以玉石爲之。

大笙謂之巢，

列管瓠中，施簧，管端大者十九簧。

小者謂之和。

十三簧者。《鄉射記》曰："三笙一和而成聲。"

大簫謂之沂。

簫以竹爲之，長尺四寸，圍三寸，一孔上出，一寸三分❶，名翹，橫吹之。小者尺二寸。《廣雅》云："八孔。"

大塤謂之嘂。

塤，燒土爲之，大如鵝子，銳上平底，形如稱錘，六孔。小者如雞子。

大鐘謂之鏞，

《書》曰："笙鏞以間。"亦名鏄。音博。

其中謂之剽，小者謂之棧。

大簫謂之言，

編二十三管，長尺四寸。

小者謂之筊。

十六管，長尺二寸。簫，一名籟。

大管謂之簥，

管長尺，圍寸，並漆❷之，有底。賈氏以爲如簫，六孔。

其中謂之篞，小者謂之篎。

---

❶ "一寸三分"，宋刻監本脫"一"字。

❷ "並漆"，"並"，底本、宋刻監本皆作"併"；"漆"，阮元《校勘記》曰當爲"吹"。

大籥謂之產，

籥如笛，三孔而短小。《廣雅》云七孔。

其中謂之仲，小者謂之箹。

徒鼓瑟謂之步，

獨作之。

徒吹謂之和，徒歌謂之謠，

《詩》云："我歌且謠。"

徒擊鼓謂之咢，

《詩》云❶："或歌或咢。"

徒鼓鐘謂之脩，徒鼓磬謂之寋。

未見義所出。

所以鼓柷謂之止，

柷如漆桶，方二尺四寸，深一尺八寸，中有椎柄，連底桐之，令左右擊。止者，其椎名。

所以鼓敔謂之籈。

敔如伏虎，背上有二十七鉏鋙，刻以木，長尺，櫟之，籈者其名。

大鼗謂之麻，小者謂之料。

麻者音概而長也，料者聲清而不亂。

和樂謂之節。

---

❶ "云"，宋刻監本作"曰"。

釋天第八

穹蒼，蒼天也。

天形穹隆，其色蒼蒼，因名云。

春爲蒼天，

萬物蒼蒼然生。

夏爲昊天，

言氣皓旰❶。

秋爲旻天，

旻猶愍也，愍萬物彫落。

冬爲上天。

言時無事，在上臨下而已。

四時

春爲青陽，

氣青而温陽。

夏爲朱明，

氣赤而光明。

秋爲白藏，

---

❶ "旰"，底本作"旰"，宋刻監本作"旰"，據改。

氣白而收藏。

冬爲玄英。

氣黑而清英。

四氣和，謂之玉燭。

道光照。

春爲發生，夏爲長嬴，秋爲收成，冬爲安寧。

此亦四時之別號。《尸子》皆以爲太平祥風。

四時和爲通正，

道平暢也。

謂之景風。

所以致景風。

甘雨時降，萬物以嘉，

莫不善之。

謂之醴泉。

所以出醴泉。

祥

穀不熟爲饑，

五穀不成。

蔬不熟爲饉，

凡草菜可食者，通名爲蔬。

果不熟爲荒，

果，木子。

仍饑爲荐。

連歲不熟，《左傳》曰："今又荐饑。"

災

太歲在甲曰閼逢，在乙曰旃蒙，在丙曰柔兆，在丁曰強圉，在戊曰著雍，在己❶曰屠維，在庚曰上章，在辛曰重光，在壬曰玄黓❷，在癸曰昭陽。

歲陽

太歲在寅曰攝提格，在卯曰單閼，在辰曰執徐，在巳曰大荒落，在午曰敦牂，在未曰協洽，在申曰涒灘，在酉曰作噩，在戌曰閹茂，在亥曰大淵獻，在子曰困敦，在丑曰赤奮若。

載，歲也。夏曰歲，

取歲星行一次。

商曰祀❸，

取四時一終。

周曰年，

取禾一熟。

唐虞曰載。

取物終更始。

歲名

---

❶ "己"，宋蜀大字本作"已"，誤。

❷ "黓"，宋蜀大字本作"默"。

❸ "祀"，底本作"杞"，宋刻監本作"祀"，據改。

月在甲曰畢，在乙曰橘，在丙曰修，在丁曰圉，在戊曰厲，在己❶曰則，在庚曰窒，在辛曰塞，在壬曰終，在癸曰極。

月陽

正月爲陬，

《離騷》云：“攝提貞於孟陬。”

二月爲如，三月爲寎，四月爲余，五月爲皋，六月爲且，七月爲相，八月爲壯，九月爲玄，

《國語》云：“至於玄月。”是也。

十月爲陽，

純陰用事，嫌於無陽，故以名云。

十一月爲辜，十二月爲涂。

皆月之別名，自歲陽至此，其事義皆所未詳❷通者，故闕而不論。

月名

南風謂之凱風，

《詩》曰：“凱風自南。”

東風謂之谷風，

《詩》云：“習習谷風。”

---

❶ “己”，底本、宋刻監本皆作“巳”，誤。按天干順序推算當爲“己”。

❷ “未詳”，唐寫本（P.2661和P.3735）作“未能詳”。

北風謂之涼風,

《詩》云:"北風其涼。"

西風謂之泰風。

《詩》云:"泰風有隧。"

焚輪謂之穨,

暴風從上下。

扶摇謂之猋。

暴風從下上。

風與火爲庉,

庉庉,熾盛之貌。❶

迴風爲飄。

旋風也。

日出而風爲暴,

《詩》云❷:"終風且暴。"

風而雨土爲霾,

《詩》云❸:"終風且霾。"

陰而風爲曀。

《詩》曰:"終風且曀。"

天氣下地不應曰霧,

言蒙昧。❹

---

❶ 唐寫本(P.2661和P.3735)此句作"炖炖,熾盛之皃也"。
❷ "云",唐寫本(P.2661和P.3735)作"曰"。
❸ "云",唐寫本(P.2661和P.3735)作"曰"。
❹ 唐寫本(P.2661和P.3735)此句作"言濛昧也","濛"字誤。

地氣發，天不應曰霧。霧謂之晦。

言晦冥。❶

螮蝀謂之雩❷。螮蝀，虹也。

俗名爲美人虹❸，江東呼雩。音苧。

蜺爲挈貳。

蜺，雌虹也，見《離騷》。挈貳，其別名，見《尸子》。

弇日爲蔽雲。

即暈氣五彩覆日也。

疾雷爲霆霓。

雷之急激者，謂霹靂。❹

雨霓爲霄❺雪。

《詩》曰："如彼雨雪，先集維❻霓。"霓，水雪雜下者，故謂之消雪。

暴雨謂之涷，

今江東呼夏月暴雨爲涷雨。❼《離❽騷》云："今飄風兮先驅，使涷雨兮灑塵。"是也。涷，音東西之東。

小雨謂之霢霂，

---

❶ 唐寫本（P.2661和P.3735）此句作"言昏冥也"。

❷ "雩"，唐寫本（P.2661和P.3735）作"丁"。

❸ "虹"，唐寫本（P.2661和P.3735）無此字。

❹ "激"，宋刻單疏本作"擊"；"謂霹靂"，唐寫本（P.2661和P.3735）作"謂之霹靂也"。

❺ "霄"，唐寫本（P.2661和P.3735）作"消"。

❻ "維"，唐寫本（P.2661和P.3735）作"唯"。

❼ "今江東呼夏月暴雨爲涷雨"，唐寫本（P.2661和P.3735）"東"字後有"人"字，"暴"字前有"大"字。

❽ "離"，唐寫本（P.2661和P.3735）此字前有"故"字。

《詩》曰："益之以霢霂。"

久雨謂之淫。

《左傳》曰："天作淫雨。"

淫謂之霖。

雨自三日已❶上爲霖。

霽謂之霽。

今南陽人呼雨止爲霽。音薺。❷

風雨

壽星，角、亢也。

數起角、亢，列宿之長，故曰壽。

天根，氐也。

角、亢下繫於氐，若木之有根。❸

天駟，房也。

龍爲天馬❹，故房四星謂之天駟。

大辰，房、心、尾也，

龍星明者，以爲時候，故曰大辰。

大火謂之大辰。

大火，心也，在中最明，故時候主焉❺。

---

❶ "已"，底本、宋刻監本皆作"巳"。
❷ "音薺"，唐寫本（P.2661和P.3735）作"音薺菜也"。
❸ "角亢下繫於氐若木之有根"，唐寫本（P.2661和P.3735）"繫"字後無"於"字，句末有"也"字。
❹ "馬"，唐寫本（P.2661和P.3735）作"駟"。
❺ "焉"，唐寫本（P.2661和P.3735）作"也"。

析木謂之津,

即漢津也。

箕、斗之間,漢津也。

箕,龍尾。斗,南斗。天漢之津梁。

星紀,斗、牽牛也。

牽牛、斗者,❶日月五星之所終始,故謂之星紀。

玄枵,虛也。

虛在正北,北方色黑❷。枵之言耗,耗亦虛意。

顓頊之虛,虛也。

顓頊水德,位在北方。

北陸,虛也。

虛星之名凡四。

營室謂之定。

定,正也。作宮室皆以營室中爲正。

娵觜之口,營室、東壁也。

營室、東壁,星四方似口,因名云❸。

降婁,奎、婁也。

奎爲溝瀆,故名❹降。

大梁,昴也。西陸,昴也。

昴,西方之宿,別名旄頭。

---

❶ "牽牛、斗者",阮元《校勘記》:"按,依經當作'斗、牽牛者',否則作'牛、斗者'。"

❷ "黑",唐寫本(P.2661和P.3735)此字後有"星"字。

❸ "因名云",唐寫本(P.2661和P.3735)作"因以名云"。

❹ "名",唐寫本(P.2661和P.3735)作"曰"。

濁謂之畢，

掩兔❶之畢，或呼爲濁，因星形以名❷。

咮謂之柳。

咮，朱鳥之口。

柳，鶉火也。

鶉，鳥名。火屬南方。

北極謂之北辰，

北極，天之中，以正四時。

河❸鼓謂之牽牛，

今荆、楚人呼牽牛星爲檐鼓。檐者，荷也。❹

明星謂之启明。

太白星也。晨見東方爲启明，昏見西方爲太白。

彗星爲欃槍，

亦謂之孛，言其形孛孛似埽彗。

奔星爲彴約❺。

流星。

星名

春祭曰祠，

---

❶ "兔"，唐寫本（P.2661和P.3735）作"菟"。

❷ "名"，唐寫本（P.2661和P.3735）此字後有"之"字。

❸ "河"，底本、唐寫本（P.2661和P.3735）、宋刻單疏本作"何"，宋刻監本作"河"，據改。

❹ "檐者荷也"，"檐"，唐寫本（P.2661和P.3735）、宋刻單疏本皆作"擔"；"荷"，唐寫本（P.2661和P.3735）作"何"，誤。

❺ "彴約"，唐寫本（P.2661和P.3735）作"彴約"。

祠之言食。

夏祭曰礿，

新菜可礿。

秋祭曰嘗，

嘗新穀。

冬祭曰烝。

進品物也。

祭天曰燔柴，

既祭，積薪燒之。

祭地曰瘞薶。

既祭，埋藏之。

祭山曰庪縣，

或庪或縣，置之於山。《山海經》曰：“縣以吉玉。”是也。

祭川曰浮沈。

投祭水中，或浮或沈。

祭星曰布，

布，散祭於地。

祭風曰磔。

今俗當大道❶中磔狗，云以止風。此其象。❷

是禷是禡，師祭也。

---

❶ “大道”，宋刻監本作“火道”，誤。

❷ “此其象”，唐寫本（P.2661和P.3735）作“此其像也”。

師出征伐，禷❶於上帝，禡於所征之地。

既伯既禱，馬祭也。

伯，祭馬祖也。將用馬力，必先祭其先。

禘，大祭也。

五年❷一大祭。

繹❸，又祭也。

祭之明日，尋繹復祭。

周曰繹，

《春秋經》曰：“壬午猶繹。”

商曰肜，

《書》曰：“高宗肜日。”

夏曰復胙。

未見義所出。

祭名

春獵爲蒐，

搜索取不任者❹。

夏獵爲苗，

爲苗稼除害。

---

❶ “禷”，底本作“類”，唐寫本（P.2661和P.3735）作“禷”，據改。

❷ “年”，唐寫本（P.2661和P.3735）作“季”。

❸ “繹”，唐寫本（P.2661和P.3735）作“禪”。下文“周曰繹”及注同。

❹ “者”，唐寫本（P.2661和P.3735）作“也”。

秋獵爲獮，

順殺氣也。

冬獵爲狩。

得獸取之無所擇。

宵田爲獠，

《管子》曰："獠獵畢弋❶。"今江東亦呼獵爲獠，音遼。或曰，即今夜獵載鑪照也。

火田爲狩。

放❷火燒草，獵亦爲狩。

"乃立冢土，戎醜攸行"，

冢土，大社。戎醜，大衆。

起大事，動大衆，必先有事乎社而後出，謂之宜。

有事祭也。《周官》所謂"宜乎❸社"。

"振旅闐闐"。

振旅，整衆。闐闐，羣行聲。

出爲治兵，尚威武也。

幼賤在前，貴勇力。

入爲振旅，反尊卑也。

尊老在前，復常儀❹也。

講武

---

❶ "畢弋"，唐寫本（P.2661和P.3735）作"畢隹"。
❷ "放"，唐寫本（P.2661和P.3735）作"以"。
❸ "乎"，底本作"平"，誤。
❹ "儀"，唐寫本（P.2661和P.3735）作"宜"。

素錦綢杠,

以白地錦韜旗之竿。

繡帛繆,

繡,帛絳也。繆,衆旒所著。

素陞龍于繆,

畫白龍於繆,令上向。

練旒九,

練,絳練也。

飾以組,

用綦組飾旒之邊。

維以縷。

用朱縷維連持之,不欲令曳地。《周禮》曰:“六人維王
之太常。”是也。

緇廣充幅長尋曰旐,

帛全幅長八尺。

繼旐曰斾,

帛❶續旐末,爲燕尾者❷。義見《詩》。

注旄首曰旌,

載❸旄於竿頭,如今之幢,亦有旒。

有鈴曰旂,

---

❶ “帛”,唐寫本(P.2661和P.3735)作“白”。
❷ “者”,唐寫本(P.2661和P.3735)作“也”。
❸ “載”,唐寫本(P.2661和P.3735)作“戴”。

縣鈴於竿頭，畫交龍❶於旒。

錯革鳥曰旟，

此謂合剝鳥皮毛置之竿頭。即《禮記》云載鴻及鳴鳶。❷

因章曰旃。

以帛❸練爲旒，因其文章，不復畫之。《周禮》云："通帛爲旃❹。"

旌旂

釋地第❺九

兩河間曰冀州，

　　自東河至西河。

河南曰豫州，

　　自南河❻至漢。

---

❶ "交龍"，底本作"蛟龍"，唐寫本（P.2661和P.3735）、宋刻監本、宋刻單疏本皆作"交龍"，據改。

❷ 此句唐寫本（P.2661和P.3735）作"此謂合剝鳥皮毛置之竿頭也，即《禮記》所云戴鴻及戴鳴鳶也"。

❸ "帛"，唐寫本（P.2661和P.3735）作"白"。

❹ "旃"，唐寫本（P.2661和P.3735）此字後有"是"字。

❺ "第"，唐寫本（P.2661和P.3735）脫。

❻ "南河"，唐寫本（P.2661和P.3735）作"河南"，因正文而誤。

河西曰雝州❶,

自西河❷至黑水。

漢南曰荆州,

自漢南至衡山之陽。

江南曰楊州❸,

自江南至海❹。

濟、河間曰兗州,

自河東至濟。

濟東曰徐州,

自濟東至海。

燕❺曰幽州,

自易水至北狄。

齊曰營州。

自岱東至海,此蓋殷制。

九州

魯有大野,

今高平鉅野縣東北大澤是也。

晉有大陸,

---

❶ "雝州",唐寫本(P.2661和P.3735)作"灉州",誤。
❷ "西河",唐寫本(P.2661和P.3735)作"河西",因正文而誤。
❸ "楊州",宋刻監本作"揚州"。
❹ "南至海",唐寫本(P.2661和P.3735)作"至南海",誤。句同下文"自濟東至海"。
❺ "燕",唐寫本(P.2661和P.3735)作"鄡",下文"燕"字同。

今鉅鹿北廣河澤是也。

秦有楊陓，

今在扶風汧縣西。

宋有孟諸，

今在梁國睢陽❶縣東北。

楚有雲夢，

今南郡華容縣東南巴丘湖是也。

吳、越之間有具區，

今吳縣南太湖，即震澤是也。

齊有海隅，

海濱廣斥❷。

燕有昭余祁，

今太原鄔陵❸縣北九澤是也。

鄭有圃田，

今滎陽❹中牟縣西圃田澤是也。

周有焦護。

今扶風池陽縣瓠中是也。

十藪

東陵，阮。南陵，息慎。西陵，威夷。中陵，朱滕。

---

❶　"睢陽"，宋刻監本作"睢陽"，唐寫本（P.2661和P.3735）作"灘陽"，誤。

❷　"斥"，唐寫本（P.2661和P.3735）作"庍"。

❸　"鄔陵"，唐寫本（P.2661和P.3735）作"鄢陵"，誤。

❹　"滎陽"，宋刻單疏本作"熒陽"，誤。

北陵，西隃，鴈門是也。

即鴈門山也❶。

陵莫大於加陵。

今所在未聞。

梁莫大於溴❷梁，

溴，水名。梁，隄也。

墳莫大於河墳。

墳，大防。

八陵

東方之美者，有醫無閭之珣玕琪焉。

醫無閭，山名。今在遼東。珣玕琪，玉屬。

東南之美者，有會稽之竹箭焉。

會稽，山名。今在山陰縣南。竹箭，篠也。

南方之美者，有梁山之犀象焉。

犀牛皮角、象牙骨。

西南❸之美者，有華山之金石焉。

黃金、礝❹石之屬。

西方之美者，有霍山之多珠玉焉。

霍山，今在平陽永安縣東北。珠，如今雜珠而精好。

---

❶ "也"，唐寫本（P.2661和P.3735）作"是也"。

❷ "溴"，底本、宋刻監本正文及注文皆作"溴"，唐寫本（P.2661和P.3735）作"溴"，據改。

❸ "西南"，唐寫本（P.2661和P.3735）後有"方"字，衍。

❹ "礝"，唐寫本（P.2661和P.3735）作"碝"。

西北之美者，有崑崙虛之璆琳琅玕焉。

璆琳，美玉名。琅玕，狀似珠也。《山海經》曰："崑崙山有琅玕樹。"❶

北方之美者，有幽都之筋角焉。

幽都，山名。謂多❷野牛筋角。

東北之美者，有斥❸山之文皮焉。

虎豹之屬，皮有縟綵者。

中有岱岳，與其五穀魚鹽生焉。

言泰山有魚鹽之饒。

九府

東方有比目魚焉，不比不行，其名謂之鰈。

狀似牛脾，鱗細，紫黑色。一眼，兩片相合乃得行。今水中所在有之。江❹東又呼爲王餘魚。

南方有比翼鳥焉，不比不飛，其名謂之鶼鶼。

似鳧，青赤色。一目一翼，相得乃❺飛。《山海經》云。❻

---

❶ 此句唐寫本（P.2661和P.3735）作"《山海經》云：'崑崙山上有琅玕樹焉。'"

❷ "多"，唐寫本（P.2661和P.3735）脱。

❸ "斥"，唐石經本、宋刻監本作"斥"，唐寫本（P.2661和P.3735）作"庐"，音義並同。

❹ "江"，唐寫本（P.2661和P.3735）此字前有"今"字。

❺ "乃"，唐寫本（P.2661和P.3735）作"方"。

❻ "山海經云"，此四字據唐寫本（P.2661和P.3735）補。底本、宋刻監本無。

西方有比肩獸焉，與邛邛岠虛比，爲邛邛岠虛齧甘
草，即有難，邛邛岠虛負而走，其名謂之蟨。

《呂氏春秋》曰❶："北方有獸，其名爲蟨。鼠前而兔
後，趨則頓，走則顛。"然則邛邛岠虛亦宜鼠後而兔前，前高
不得取甘草，故須蟨食❷之。今鴈門廣武縣夏屋山中有獸，形
如兔而大，相負❸共行，土俗名之爲蟨鼠。音厥。

北方有比肩民焉，迭食而迭望。

此即半體之人，各有一目、一鼻孔❹、一臂、一脚，亦猶
魚鳥之相合❺，更望備驚急。

中有枳首蛇焉。

岐頭蛇也。或曰："今江東呼兩頭蛇爲越王約髮，亦名弩
絃❻。"

此四方中國之異氣也。

五方

邑外謂之郊，郊外謂之牧，牧外謂之野，野外謂之
林，林外謂之坰。

---

❶ "曰"，唐寫本（P.2661和P.3735）作"云"。
❷ "食"，唐寫本（P.2661和P.3735）作"飤"。
❸ "相負"，唐寫本（P.2661和P.3735）後有"而"字。
❹ "一目一鼻孔"，"一目"，底本脱，據宋刻監本補；"一鼻
孔"，底本、宋刻諸本作"一鼻一孔"，唐寫本（P.2661和P.3735）作"一
鼻孔"，後"一"字蓋衍。據改。
❺ 此句唐寫本（P.2661和P.3735）作"亦猶魚鼠之相合耳"，"鳥"
誤作"鼠"。
❻ "絃"，唐寫本（P.2661和P.3735）此字後有"者是"二字。

邑，國都也。假令❶百里之國，五十里❷之界，界各十里也。

下溼曰隰，大野曰平，廣平曰原，高平曰陸。大陸曰阜，大阜曰陵，大陵曰阿。可食者曰原，

可種穀給食。

陂者曰阪，

阪❸陀不平。

下者曰隰❹。

《公羊傳》曰：“下平曰隰。”

田一歲曰菑，

今江東呼初耕地反草爲菑。

二歲曰新田，

《詩》曰：“于彼新田。”

三歲曰畬。

《易》曰：“不菑，畬。”

野

東至於泰遠，西至於邠國，南至於濮鈆，北至於祝栗，謂之四極。

---

❶ “假令”，宋刻監本作“假今”，誤。

❷ “五十里”，唐寫本（P.2661和P.3735）作“五百里”，誤。

❸ “阪”，宋刻監本作“陂”。

❹ “隰”，底本、宋刻監本皆作“溼”，唐寫本（P.2661和P.3735）及宋刻單疏本皆作“隰”，且底本、宋刻監本注亦作“隰”，據改。

皆四方極遠之國。

觚竹、北户、西王母、日下，謂之四荒。

觚竹在北，北户在南，西王母在西，日下在東，皆四方昏荒之國，次四極者。

九夷、八狄、七戎、六蠻，謂之四海。

九夷在東，八狄在北，七戎在西，六蠻在南，次四荒者。

岠❶齊州以南戴日爲丹穴。

岠，去也。齊，中也。

北戴斗極爲空桐，

戴，值。❷

東至日所出爲太平，西至日所入爲太蒙。

即蒙汜也。

太平之人仁，丹穴之人智，太蒙之人信，空桐之人武。

地氣使之然也。

四極

---

❶ "岠"，底本及注文皆作"岠"，唐寫本（P.2661和P.3735）作"岠"，注文同，據改。

❷ "戴值"，唐寫本（P.2661和P.3735）作"戴頂也"，"頂"爲"值"形近而訛。

釋丘❶第十

丘，一成爲敦丘，

成猶重也。《周禮》曰：“爲壇三成。”今江東呼地高堆者爲敦。❷

再成爲陶丘，

今濟陰定陶城中有陶丘。

再成鋭上爲融丘，

鐵頂者。

三成爲崐崘丘。

崐崘山三重，故以名云。

如乘者，乘丘。

形似車乘也。或云：“乘，謂稻田塍埒。”

如陼者，陼丘。

水中小洲爲陼。

水潦所止，泥❸丘。

---

❶ “丘”，唐寫本（P.2661和P.3735）此篇“丘”字皆作“业”。

❷ “今”，底本作“令”，誤，據宋刻監本改。唐寫本（P.2661和P.3735）此句末有“丘也”二字。

❸ “泥”，唐寫本（P.2661和P.3735）作“㞫”。

頂上汚下者❶。

方丘，胡丘。

形四方。

絕高爲之京。

人力所作。

非人爲之丘。

地自然生。

水潦所還，埒丘。

謂丘邊有界埒，水繞環❷之。

上正，章丘。

頂平。

澤中有丘，都丘。

在池澤中。

當途，梧丘。

途，道。

途出其右而還之，畫丘。

言爲道所規畫。

途出其前，戴丘。

道出丘南。

途出其後，昌丘。

道出丘北。

水出其前，渻丘。水出其後，沮丘。水出其右，正

---

❶ "者"，唐寫本（P.2661和P.3735）無。

❷ "環"，唐寫本（P.2661和P.3735）作"還"。

丘。水出其左，營丘。

今齊之營丘，淄水過其南及東。

如覆敦者，敦丘。

敦，盂也。

邐迤，沙丘。

旁行連延。

左高，咸丘。右高，臨丘。前高，旄丘。

《詩》云❶："旄丘之葛兮。"

後高，陵丘。偏高，阿丘。

《詩》云："陟彼阿丘。"

宛中，宛丘。

宛謂中央隆高。

丘背有丘爲❷負丘。

此解宛丘中央隆峻，狀如負一丘於背上。

左澤，定丘。右❸陵，泰丘。

宋有太丘社亡❹，見《史記》。

如畝，畝丘。

丘有壟界如田畝。

如陵，陵丘。

陵，大阜也。

---

❶ "詩云"，本條及下條注，唐寫本（P.2661和P.3735）作"詩曰"。

❷ "有丘爲"，唐寫本（P.2661和P.3735）脫此三字。

❸ "右"，唐寫本（P.2661和P.3735）作"左"。

❹ "亡"，底本作"云"，宋刻單疏本作"曰"，皆誤；宋刻監本作"亡"，《史記·六國年表》同，據改。

丘上有丘爲宛丘。

嫌人不了❶，故重曉之。

陳有宛丘，

今在陳郡陳縣。

晉有潜丘，

今在太原晉陽縣。

淮南有州黎丘。

今在壽春縣。

天下有名丘五，其三在河南，其❷二在河北。

說者多以州黎、宛、營爲河南，潜、敦爲河北者。案：此方稱天下之名丘，恐此諸丘碌碌未足用當之。殆自別更有魁梧桀❸大者五，但未詳其名號、今者所在耳。

丘

望厓洒而高，岸。

厓，水邊。洒，謂深也。視厓峻而水深者曰岸。

夷上洒下，不漘。

厓上平坦而下水深者爲漘。不，發聲。

隩，隈。

今江東呼爲浦隩。《淮南子❹》曰："漁者不爭隈。"

---

❶ "了"，唐寫本（P.2661和P.3735）作"憀"。
❷ "其"，唐寫本（P.2661和P.3735）脫。
❸ "桀"，唐寫本（P.2661和P.3735）作"傑"。
❹ "淮南子"，唐寫本（P.2661和P.3735）作"淮南"。

厓内爲隩，外爲隈❶。

別厓表裏之名。

畢❷，堂牆。

今終南山道名畢，其邊若堂之牆。

重厓，岸。

兩厓累者爲岸。

岸上，滸。

岸上地。❸

墳，大防。

謂隄。

涘爲厓。

謂水邊。

窮瀆，汜。

水無所通者。

谷者，溦。

通於谷。

厓岸

---

❶ "隈"，唐寫本（P.2661和P.3735）作"圿"。

❷ "畢"，唐寫本（P.2661和P.3735）作"嗶"，注同。

❸ "岸上地"，唐寫本（P.2661和P.3735）作"山上地也"，"山"字誤。

釋山第十一

河南華,

華陰山。

河西嶽,

吳嶽。

河東岱,

岱宗,泰山。

河北恒,

北嶽恒山。❶

江南衡。

衡山,南嶽。

山三襲,陟。

襲亦重。

再成,英。

兩山相重。

一成,坯。

《書》曰:"至于太伾❷。"

---

❶ "北嶽恒山",唐寫本(P.2661和P.3735)作"北恒岳山也"。

❷ "伾",唐寫本(P.2661和P.3735)作"坯"。

山大而高，崧。

今中嶽嵩高山，❶蓋依此名。

山❷小而高，岑。

言岑崟。

銳而高，嶠。

言鐵峻。

卑而大，扈❸。

扈，廣貌。

小而衆，巋。

小山叢羅。

小山岌大山，峘。

岌謂高過。❹

屬者，嶧。

言駱驛相連屬。❺

獨者，蜀。

蜀亦孤獨。

上正，章。

山上平。

---

❶ "今中嶽嵩高山"，"嵩"，唐寫本（P.2661和P.3735）作"崧"，誤。宋刻單疏本此句無"嵩"字，阮元《校勘記》："按，'高'當即'嵩'之誤。此經作'崧'，注作'嵩'，爲經注異文之明證。"

❷ "山"，唐寫本（P.2661和P.3735）脱。

❸ "扈"，唐寫本（P.2661和P.3735）正文及注文皆作"嶇"。

❹ 唐寫本（P.2661和P.3735）此句末有"之也"二字。

❺ 唐寫本（P.2661和P.3735）此句作"言驛駱相連也"。

宛中，隆。

山中央高。

山脊，岡。

謂長山❶脊。

未及上，翠微。

近上旁陂❷。

山頂，冢。

山巔。❸

崒者，厜㕒。

謂山峰頭巉巖。

山如堂者，密；

形似堂室者。《尸子》曰："松柏之鼠，不知堂密之有美
樅❹。"

如防者，盛。

防，隄。

巒，山墮。

謂山形長狹者，荆州謂之巒。《詩》曰："墮山喬嶽。"

重甗，隒。

謂山形如累兩甗。甗，甑。山狀似之，因以名云。

左右有岸，厒。

---

❶ "長山"，底本、宋刻監本作"山長"，唐寫本（P.2661和P.3735）
作"長山"，據改。

❷ "陂"，唐寫本（P.2661和P.3735）作"坡"。

❸ "山巔"，唐寫本（P.2661和P.3735）作"山之巔也"。

❹ "美樅"，唐寫本（P.2661和P.3735）後有"是"字。

夾山有岸。

大山宮小山，霍。

宮謂圍繞之。《禮記》曰："君爲廬宮之。"是也。

小山別大山，鮮。

不相連。

山絶，陘。

連山中斷絶。

多小石，磝。

多礓礫。

多大石，礐。

多盤石。

多草木，岵。無草木，峐。

皆見《詩》。

山上有水，埒。

有停泉。

夏有水，冬無水[1]，澩。

有停潦。

山豄無所通，谿。

所謂窮瀆者，雖無所通，與水注川同名。

石戴土謂之崔嵬。

石山上有土者。

土戴石爲砠。

土山上有石者。

---

❶ "水"，唐寫本（P.2661和P.3735）無此字。

山夾水，澗。陵夾水，漮。

別山陵間水者❶之名。

山有穴爲岫。

謂巖穴。

山西曰夕陽，

暮乃見日。

山東曰朝陽。

旦即見日。

泰山爲東嶽，華山爲西嶽，霍山爲南嶽，

即天柱山。潛水所出。

恒山爲北嶽，

常山。

嵩高爲中嶽。

大室山也。

梁山，晉望也。

晉國所望祭者，今在馮翊夏陽縣西北臨河上❷。

---

❶ "水者"，唐寫本（P.2661和P.3735）作"有水者"。

❷ 此句唐寫本（P.2661和P.3735）作"今在馮翊下夏陽縣西北臨沂上也。詩曰□"。"下"字蓋衍。

釋水第十二

泉一見一否爲瀸。❶

瀸瀸❷，纔有貌。

井一有水一無水爲瀾汋。

《山海經》曰："天井，夏有水，冬無水❸。"即此類也。

濫泉正出。正出，涌出也。

《公羊傳》曰❹："直出。"直猶正也。

沃泉縣❺出。縣出，下出也。

從上溜下。

氿泉穴出。穴出，仄出也。

從旁出也。

湀闢，流川。

通流。

---

❶ 此句宋刻單疏本作"泉一見三名爲瀸"，誤。

❷ "瀸瀸"，底本、宋刻監本皆一"瀸"字，唐寫本（P.2661和P.3735）作"瀸瀸"，疊詞，據改。

❸ "水"，唐寫本（P.2661和P.3735）無此字。

❹ "曰"，唐寫本（P.2661和P.3735）作"云"。

❺ "縣"，唐石經本作"懸"，古今字。

過辨，回川。

旋流。

瀄，反入。

即河水決出，復還入者。河之有瀄，猶江之有汜❶。

潬，沙出。

今江東呼水中沙堆爲潬，音但❷。

汧，出不流。

水泉潛出，便自停成汙池。

歸異、出同流，肥。

《毛詩傳》曰："所出同，所歸異爲肥。"

濆，大出尾下。

今河東汾陰縣有水口如車輪許，濆沸涌出，其深無限，名之爲濆。馮翊郃❸陽縣復有濆，亦如之。相去數里而夾河，河中陼上又有一濆，濆源皆潛相通。在汾陰者，人壅❹其流以爲陂，種稻，呼其本所出處爲濆魁，此是也。尾，猶底也❺。

水醮曰屚。

謂水醮盡。

水自河出爲灉，

《書》曰："灉、沮會同。"

---

❶ "汜"，底本作"沱"，唐寫本（P.2661和P.3735）作"汜"，阮元《校勘記》："汜與沱不同……作'沱'非。"據改。

❷ "但"，底本作"佢"，誤。

❸ "郃"，唐寫本（P.2661和P.3735）作"陥"。

❹ "壅"，唐寫本（P.2661和P.3735）作"廱"，誤。

❺ "也"，唐寫本（P.2661和P.3735）作"耳"。

濟爲濋，❶汶爲瀾❷，洛爲波，漢爲潛，

《書》曰："沱、潛既道。"

淮爲滸，江爲沱，

《書》曰："岷山導江，東別爲沱。"

過爲洵，潁爲沙，汝爲涓❸。

《詩》曰："遵彼汝濆。"皆大水溢出，別爲小水之名。

水決之澤爲汧。

水決入澤中者亦名爲汧。

決復入爲氾❹。

水出去復還。

"河水清且瀾漪"，大波爲瀾，

言渙瀾。

小波爲淪，

言蘊淪。

直波爲徑❺。

言涇涏。❻

江有沱，河有灉，汝有涓。

---

❶ "濟爲濋"，唐寫本（P.2661和P.3735）作"爲濟濋"。

❷ "瀾"，底本作"瀾"，唐寫本（P.2661和P.3735）、宋刻監本作"瀾"，據改。

❸ "涓"，底本、唐寫本（P.2661和P.3735）、宋刻監本皆作"濆"，據周祖謨校，當作"涓"。下文"汝有涓"，同。

❹ "氾"，宋刻監本作"氾"。

❺ "徑"，唐寫本（P.2661和P.3735）作"涇"，誤。

❻ "言涇涏"，"言"，底本作"有"，宋刻監本作"言"，依照上文例當作"言"，據改。"涇"，底本、宋刻監本作"徑"，唐寫本（P.2661和P.3735）作"涇"，據改。唐寫本（P.2661和P.3735）"涏"似作"涎"。

此故上水別出耳，所作者重見。

渚，水厓。

水邊地。

水草交爲湄。

《詩》曰："居河之湄。"

"濟有深涉，

謂濟渡之處。

深則厲❶，淺則揭"。揭者，揭衣也。

謂褰❷裳也。

以衣涉水❸爲厲。

衣謂襌。

繇膝以下爲揭，繇膝以上爲涉，繇帶以上爲厲。

繇❹，自也。

潛行爲泳。

水底行也。《晏子春秋》曰❺："潛行，逆流百步，順流

七里。"

"汎汎楊舟，紼纚維之"。紼，繂❻也。

繂，索。

---

❶ "厲"，唐寫本（P.2661和P.3735）作"濿"，語出《詩經》，今
本同作"厲"。

❷ "褰"，唐寫本（P.2661和P.3735）此字後有"人"字。

❸ "水"，唐寫本（P.2661和P.3735）無此字。

❹ "繇"，唐寫本（P.2661和P.3735）此字後有"猶"字。

❺ "曰"，唐寫本（P.2661和P.3735）作"云"。

❻ "繂"，唐寫本（P.2661和P.3735）正文及注文皆作"繂"，今本
《詩經》作"綷"，此三字通。

纚，綏也。

綏，繫。

天子造舟，

比舩爲橋。

諸侯維舟，

維連四舩。

大夫方舟，

併兩舩。

士特舟，

單舩。

庶人乘泭。

併木以渡。❶

水注川曰谿，注谿曰谷，注谷曰溝，注溝曰澮，注澮曰瀆。

此皆道水轉相灌注所入之處名。

逆流而上曰泝❷洄，順流而下曰泝遊。

皆見《詩》。

正絕流曰亂。

直橫渡也。《書》曰："亂于河。"

江、河、淮、濟爲四瀆。四瀆者，發源❸注海者也。

水泉

---

❶ 此條正文及注文唐寫本（P.2661和P.3735）皆脱。

❷ "泝"，唐寫本（P.2661和P.3735）作"泝"，後同。

❸ "源"，底本作"原"，唐寫本（P.2661和P.3735）、宋刻監本作"源"，據改。

水中可居者曰洲，小洲曰陼，小陼曰沚，小沚曰坻，人所爲爲潏。

人力所作。

水中

河出崑崙虛❶，色白。

《山海經》曰："河出崑崙西北隅❷。"虛，山下基也。

所渠并千七百，一川色黃。

潛流地中，汨漱沙壤，所受渠多，衆水潯淆，宜其濁黃。

百里一小曲，千里一曲一直。

《公羊傳》曰："河曲流。"河千里一曲一直。

河曲

徒駭、

今在成平縣，義所未聞❸。

太史、

今所在未詳。

馬頰、

河勢上廣下狹，狀如馬頰。

覆鬴、

水中可居，往往而有，狀如覆釜。

---

❶ "崑崙虛"，唐寫本（P.2661和P.3735）作"崑崙墟"，注文同。

❷ "西北隅"，"西北"，今本《山海經》作"東北"；"隅"，唐寫本（P.2661和P.3735）作"崵"。

❸ "聞"，唐寫本（P.2661和P.3735）作"詳"。

胡蘇、

東光❶縣今有胡蘇亭，其義未詳❷。

簡、

水道簡易。

絜、

水多約絜。

鈎盤❸、

水曲如鈎流盤桓也。

鬲津。

水多阨狹❹，可隔以爲津而橫渡。

九河

從"釋地"已❺下至"九河"，皆禹所名也。

《爾雅》卷中

經三千五百六十四字

注四千三百二十二字

---

❶ "光"，底本作"莞"，據《水經注》卷九引《漢書·地理志》"東光有胡蘇亭"改。

❷ "其義未詳"，唐寫本（P.2661和P.3735）作"義所未詳"。

❸ "盤"，唐寫本（P.2661和P.3735）正文及注文皆作"般"。

❹ "狹"，唐寫本（P.2661和P.3735）作"陝"。

❺ "已"，底本、宋刻監本作"巳"，唐寫本（P.2661和P.3735）作"以"。

卷下

釋草第十三

藿，山韭。茖，山葱。蒚，山䪥。蒚，山蒜。

今山中多有此菜，皆如人家所種者。茖葱，細莖大葉。

薜，山蘄。

《廣雅》云：“山蘄，當歸。”當歸，今似蘄而麤大。

椴❶，木槿。櫬，木槿。

別二名也。似李樹，華朝生夕隕，可食。或呼爲日及，❷
亦曰王蒸。

术，山薊。

《本草》云：“术，一名山薊。”今术似薊而生山中。

楊，枹薊。

似薊而肥大，今呼之馬薊。

莃，王彗。

王帚也，似藜，其樹可以爲埽彗。江東呼之曰落帚。

菉，王芻。

菉，蓐也。今呼鴟脚莎。

---

❶　“椴”，底本、宋刻監本、宋蜀大字本、宋刻單疏本皆作“椵”，
陸氏《釋文》作“椴”，據改。下文“椴”同。

❷　“或呼爲日及”，底本無“爲”字，阮元《校勘記》：“今本
‘日’上脱‘爲’字，當補。”據補。

拜，蒻藋。

蒻藋亦似藜。

蘩，皤蒿。

白蒿。

蒿，菣。

今人呼青蒿，香中炙啖者爲菣。

蔚，牡菣。

無子者。

蘥，彫蓬；薦，黍蓬。

別蓬種類。

蔖，鼠莞。

亦莞屬也，纖細似龍須，可以爲席。蜀中出好者。

葝，鼠尾。

可以染皂。

菥蓂，大薺。

似薺，葉細，俗呼之曰老薺。

蒤，虎杖。

似紅草而麤大，有細刺，可以染赤。

孟，狼尾。

似茅，今人亦以覆屋。

瓠棲，瓣。

瓠中瓣也。《詩》云：“齒如瓠棲。”

茹藘，茅蒐。

今之蒨也。可以染絳。

果臝之實，栝樓。

今齊人呼之爲天瓜。

茶，苦菜。

《詩》曰："誰謂茶苦。"苦菜可食。

萑，蓷。

今茺蔚也。葉似荏，方莖，白華，華生節間。又名益母，《廣雅》云。

蘈，綬。

小草，有雜色，似綬。

粢，稷。

今江東人呼粟爲粢。

衆，秫。

謂黏粟也。

戎叔謂之荏菽。

即胡豆也。

卉，草。

百草揔名。

蒬，雀弁。

未詳。

蘥，雀麥。

即燕麥也。

瓞，烏蕟。菄，菟荄。蘩，菟葵。

皆未詳。

黂，菟瓜。

菟瓜似土瓜。

苬蕧，豕首。

《本草》曰堯盧，一名蟾蠩蘭。今江東呼豨首，可以煼蠶蛹。

荓，馬帚。

似蓍，可以爲掃篲。

蘾，懷羊。

未詳。

茭，牛蘄。

今馬蘄。葉細鋭似芹，亦可食。

葖，蘆萉。

“萉”宜爲“菔”。蘆菔，蕪菁屬。紫華，大根，俗呼雹葖。

渲，灌。

未詳。

茵，芝。

芝，一歲三華，瑞草。

笱，竹萌。

初生者。

簜，竹。

竹别名。《儀禮》曰：“簜在建鼓之間。”謂簫管之屬。

莪，蘿。

今莪蒿也。亦曰廩蒿。

苨，菧苨。

薺苨。

绖，履。

未詳。

菩，接余。其葉苻。

叢生水中，葉圓在莖端，長短隨水深淺，江東菹食之❶。
亦呼爲菩。音杏。

白華，野菅。

菅，茅屬。《詩》曰："白華菅兮。"

薜，白蘄。

即上"山蘄"。

菲，芴。

即土瓜也。

蕍，蕮。

大葉，白華，根如指，正白，可啖。

熒，委萎。

藥草也。葉似竹，大者如箭竿，有節，葉狹而長，表白裏
青，根大如指，長一二尺，可啖。

莿，芋熒。

未詳。

竹，萹蓄。

似小藜，赤莖節，好生道旁，可食，又殺蟲。

葴，寒漿。

今酸漿草。江東呼曰苦葴。音針。

蘻苡，芺茂。

芺明也。葉黃銳，赤華，實如山茱萸。或曰蔆也。關西謂

---

❶ "江東菹食之"，底本無"菹"字，阮元《校勘記》："按，《齊
民要術》卷九引作'江東菹食之'以證菹法，則'菹'字當有。"據補。

之薢茩。音皆。

茢薽，豕首。

一名白蘞。

瓞，瓝。其紹瓞。

俗呼瓝瓜為瓞。紹者，瓜蔓緒，亦著子，但小如瓝。

芍，鳧茈。

生下田。苗似龍須而細，根如指頭，黑色，可食。

蘱，薡葦。

似蒲而細。

藡，芺。

藡似稗，布地生，穢草。

鉤，芺。

大如拇指，中空，莖頭有臺似薊❶。初生可食。

蕍，鴻薈。

即蕍菜也。

蘇，桂荏。

蘇，荏類。故名桂荏。

薔，虞蓼。

虞蓼，澤蓼。

葰，蓨。

未詳。

虋，赤苗。

今之赤粱粟。

---

❶　"薊"，宋刻監本作"薊"，誤。

芑，白苗。

今之白粱❶粟，皆好穀。

秬，黑黍。

《詩》曰："維秬維秠。"

秠，一稃二米。

此亦黑黍，但中米異耳。漢和帝時任城生黑黍，或三四實，實二米，得黍三斛八斗是。

稌，稻。

今沛國呼稌。

蘦，蕍茅。

蘦，華有赤者爲蕍。蕍，蘦一種耳。亦猶菱苕，華黃白異名。

臺，夫須。

鄭箋《詩》云："臺可以爲禦雨笠。"

葝，薊。

未詳。

莔，貝母。

根如小貝，員而白華，葉似韭。

荍，蚍衃。

今荊葵也。似葵，紫色。謝氏云："小草，多華，少葉，葉又翹起。"

艾，冰臺。

今艾蒿。

---

❶ "粱"，底本作"梁"，誤，據宋蜀大字本改。

蕇，亭歷。

實、葉皆似芥，一名狗薺，《廣雅》云："音典。"

苻，鬼目。

今江東有鬼目草，莖似葛，葉員而毛，子如耳璫也。赤色，叢生。

薜，庾草。

未詳。

菥，葰縷。

今蘩縷也。或曰雞腸草。

離南，活莌。

草生江南，高丈許，大葉，莖中有瓤，正白，零陵人祖曰貫之爲樹。

蘢，天蘥。須，葑蓯。

未詳。

蒡，隱荵。

似蘇有毛，今江東呼爲隱荵。藏以爲菹，亦可瀹食。

茜，蔓于。

草生水中，一名軒于，江東呼茜。音猶。

菡，蘆。

作履苴草。

柱夫，搖車。

蔓生，細葉，紫華，可食。今俗呼曰翹搖車。

出隧，蘧蔬。

蘧蔬，似土菌，生菰草中，今江東噉之，甜滑。音氍氀氀。

蘄茞，蘪蕪。

香草，葉小如萎狀。《淮南子》云："似蛇牀。"《山海
經》云："臭如蘪蕪。"

茨，蒺藜。

布地蔓生，細葉，子有三角，刺人，見《詩》。

蘮蒘，竊衣。

似芹，可食。子大如麥，兩兩相合。有毛，著人衣。

髦，顛蕀。

細葉，有刺，蔓生，一名商蕀。《廣雅》云："女木❶
也。"

藋，芄蘭。

藋芄，蔓生。斷之有白汁，可啖。

薅，茺蕃。

生山上，葉如韭，一曰梐❷母。

蓄，蓨。

今澤蓨。

齒，鹿藿。其實菈。

今鹿豆也。葉似大豆，根黃而香，蔓延生。

藼侯，莎。其實媞。

《夏小正》曰："藼也者，莎隨。媞者其實。"

莞，苻蘺。其上蒚。

今西方人呼蒲爲莞蒲。蒚謂其頭臺首也。今江東謂之苻

---

❶ "木"，宋刻監本作"术"，誤。

❷ "梐"，宋刻監本作"提"。

蘺，西方亦名蒲中莖爲蒚，用之爲席。音羽翩。

荷，芙渠。

別名芙蓉，江東呼荷。

其莖茄，其葉蕸，其本蔤，

莖下白蒻在泥中者。

其華菡萏，

見《詩》。

其實蓮，

蓮謂房也。

其根藕，其中的，

蓮中子也。

的中薏。

中心苦。

紅，蘢古。其大者蘬。

俗呼紅草爲蘢鼓，語轉耳。

葀，薺實。

薺子名。

黂，枲實。

《禮記》曰："苴麻之有黂。"

枲，麻。

別二名。

須，薞蕪。

薞蕪，似羊蹄，葉細，味酢，可食。

菲，蒠菜。

菲草，生下溼地，似蕪菁，華紫赤色，可食。

蕢，赤莧。

今之❶莧，赤莖者。

蘠蘼，虋冬。

門冬，一名滿冬，《本草》云。

蒚，苻止。

未詳。

濼，貫衆。

葉員銳，莖毛黑，布地，冬不死，一名貫渠。《廣雅》云：“貫節。”

莙，牛藻。

似藻，葉大，江東呼爲馬藻。

蕧藸，馬尾。

《廣雅》曰：“馬尾，蔄陸。”《本草》云：“別名蕩。”今關西亦呼爲蕩，江東呼爲當陸。

萍❷，莩。

水中浮莩。江東謂之藻。音瓢。

其大者蘋。

《詩》曰：“于以采蘋。”

蒡，菟葵。

頗似葵而小，葉狀如藜，有毛，汋啖之滑。

芹，楚葵。

今水中芹菜。

---

❶ “之”，阮元《校勘記》：“‘之’即‘人’字之訛。”
❷ “萍”，宋刻監本作“苹”，誤。

蘬，牛蘬。

今江東呼草爲牛蘬者，高尺餘許。方莖，葉長而銳，有穗。穗間有華，華紫縹色，可淋以爲飲。

蕒，牛脣。

《毛詩傳》曰："水舄也。"如蕒斷❶，寸寸有節，拔之可復。

苹，藾蕭。

今藾蒿也。初生亦可食。

連，異翹。

一名連苕，又名連草，《本草》云。

澤，烏蕮。

即上"蕮"也。

傅，橫目。

一名結縷，俗謂之鼓筝草。

藨，蔓華。

一名蒙華。

薐，蕨攗。

薐，今水中芰。

大菊，蘧麥。

一名麥句薑，即瞿麥。

薛，牡贊。

未詳。

葥，山莓。

---

❶ "蕒斷"，宋刻單疏本作"續斷"。

今之木莓也。實似藨莓而大，亦可食。

蘻，苦堇。

今堇葵也。葉似柳，子如米，汋食之滑。

薄，石衣。

水苔也。一名石髮。江東食之。或曰薄。葉似䕅而大，生水底，亦可食。

蘜，治蘠。

今之秋華菊。

唐、蒙，女蘿。女蘿，菟絲。

別四名。《詩》云："爰采唐矣。"

苗，蓨。

未詳。

莥，蕻葐。

覆葐也。實似莓而小，亦可食。

芨，堇草。

即烏頭也。江東呼爲堇。音靳。

蘧，百足。

未詳。

菺，戎葵。

今蜀葵也。似葵，華如木槿華。

蘩，狗毒。

樊光云："俗語苦如蘩。"

垂，比葉。

未詳。

葍，盜庚。

旋覆，似菊。

荢，麻母。

苴麻盛子者。

朐，九葉。

今江東有草，五葉共叢生一莖，俗因名爲五葉，即此類也。

菮，茈草。

可以染紫，一名茈蒐，《廣雅》云。

倚商，活脫。

即離南也。

蘵，黃蒢。

蘵草，葉似酸漿，華❶小而白，中心黃。江東以作菹❷食。

藒車，芔輿。

藒車，香草，見《離騷》。

蔮，黃華。

今謂牛芸草爲黃華。華黃，葉似苜蓿。

葍，春草。

一名芒草，《本草》云。

蔠葵，繁露。

承露也。大莖小葉，華紫黃色。

菋，荎藸。

---

❶ "華"，底本作"草"，宋刻監本作"華"，據改。
❷ "菹"，宋刻監本作"葅"。

五味也。蔓生，子叢在莖頭。

蒫，薞葍。

《詩》云："以茠蒫蓼。"

皇，守田。

似燕麥，子如彫胡米，可食，生廢田中。一名守氣。

鉤，藈姑。

鉤❶瓟也，一名王瓜。實如胕瓜，正赤，味苦。

望，楑車。

可以爲索，長丈餘。

困，衹裶❷。

未詳。

欂，烏階。

即烏杷也。子連相著，狀如杷齒，可以染皂。

杜，土鹵。

杜衡也，似葵而香。

盰，虺牀。

蛇牀也。一名馬牀，《廣雅》云。

薢，薂。

未聞。

赤，枹薊。

即上"枹薊"。

菟奚，顆涷。

---

❶ "鉤"，阮元《校勘記》："'鉤'當作'瓟'。"
❷ "裶"，底本作"裶"，宋刻監本作"裶"，據改。

款凍也，紫赤華，生水中。

中馗，菌。

地蕈也，似蓋，今江東名爲土菌，亦曰馗廚。可啖之。

小者菌。

大小異名。

菣，小葉。

未聞。

苕，陵苕。

一名陵時，《本草》云。

黃華，蔈；白華，茇。

苕，華色異名亦不同。音沛。

薻，從水生。

生於水中。

薇，垂水。

生於水邊。

薛，山麻。

似人家麻，生山中。

莽，數節。

竹類也，節間促。

桃枝，四寸有節。

今桃枝節間相去多四寸。

粼，堅中。

竹類也，其中實。

簢，箈中。

言其中空，竹類。

仲，無笁。

亦竹類。未詳。

簜，箭萌。

萌，筍屬也。《周禮》曰：“簜菹雁醢。”

篠，箭。

別二名。

枹，霍首。素華，軌鬷。

皆未詳。

芏，夫王。

芏草，生海邊，似莞藺。今南方越人采以爲席。

蘩，月爾。

即紫蘩也。似蕨，可食。

葳，馬藍。

今大葉冬藍也。

姚莖，涂薺。

未詳。

芐，地黃。

一名地髓，江東呼芐。音怙。

蒙，王女。

蒙即唐也，女蘿別名。

拔，蘢葛。

似葛，蔓生，有節。江東呼爲龍尾，亦謂之虎葛，細葉
赤莖。

蕛，牡茅。

白茅屬。

菤耳，苓耳。

《廣雅》云：“枲耳也。”亦云“胡枲”。江東呼爲常枲，或曰苓耳。形似鼠耳，叢生如盤。

蕨，鼈。

《廣雅》云：“紫蘽。”非也。初生無葉，可食。江西謂之鼈。

蕎，邛鉅。

今藥草大戟也，《本草》云。

繁，由胡。

未詳。

荎，杜榮。

今荎草，似茅，皮可以爲繩索、履屬也。

稂，童粱。

稂，莠類也。

藨，麃。

麃即莓也，今江東呼爲藨莓。子似覆葐而大，赤，酢甜可啖。

的，薂。

即蓮實也。

購，蔏蔞。

蔏蔞，蔞蒿也。生下田。初出可啖，江東用羹魚。

苀，勃苀。

一名石芸，《本草》云。

葽繞，蕀蒬。

今遠志也。似麻黃，赤華，葉銳而黃，其上謂之小草，

《廣雅》云。

> **茦，刺。**
>
> 草刺針也。關西謂之刺，北燕❶、朝鮮之間曰茦，見《方言》。
>
> **蕭，萩。**
>
> 即蒿。
>
> **薅，海藻。**
>
> 藥草也。一名海蘿，如亂髮，生海中，《本草》云。
>
> **萇❷楚，銚芅❸。**
>
> 今羊桃也，或曰鬼桃。葉似桃，華白，子如小麥，亦似桃。
>
> **蘦，大苦。**
>
> 今甘草也。蔓延生，葉似荷，青黃，莖赤有節，節有枝相當。或云❹蘦似地黃。
>
> **芣苢，馬舄；馬舄，車前。**
>
> 今車前草，大葉長穗，好生道邊，江東呼爲蝦蟆衣。
>
> **綸似綸，組似組，東海有之。**
>
> 綸，今有秩、嗇夫所帶糾青絲綸。組，綬也。海中草生彩理有象之者，因以名云。
>
> **帛似帛，布似布，華山有之。**

---

❶ "北燕"，底本作"燕北"，今本《方言》作"北燕"，據改。

❷ "萇"，底本作"長"，阮元《校勘記》認爲"長"當作"萇"，今本《詩經》作"隰有萇楚"，據改。

❸ "芅"，底本作"芪"，宋刻監本作"芅"，據改。

❹ "云"，底本作"二"，宋刻監本作"云"，據改。

草葉有象布帛者，因以名云。生華山中。

芁，東蠤。

未詳。

緜馬，羊齒。

草細葉，葉羅生而毛有似羊齒。今江東呼爲鴈齒。繅者以取繭緒。

萿，麋舌。

今麋舌草。春生，葉有似於舌。

搴，柜朐。

未詳。

繁之醜，秋爲蒿。

醜，類也。春時各有種名，至秋老成，皆通呼爲蒿。

芙、薊，其實芛。

芙與薊，莖頭皆有蓊臺，名芛，芛即其實。音俘。

蕵、芛，荼。

即芛。

猋、藨，芀。

皆芀、荼之別名。方俗異語，所未聞。

葦醜，芀。

其類皆有芀秀。

葭，葦❶。

即今蘆也。

蒹，薕。

---

❶ “葦”，底本、宋刻監本皆作“華”，據阮元《校勘記》改。

似萑而細，高數尺，江東人❶呼爲蒹蔗。音廉。

葭，蘆。

葦也。

菼，薍。

似葦而小，實中，江東呼爲烏蘆。音丘。

其萌蘿。

今江東呼蘆笋爲蘿，然則萑葦之類，其初生者皆名蘿。音
繾綣。

蔰、芛、葟、華，榮。

《釋言》云："華，皇也。"今俗呼草木華初生者爲芛。
音獮豬，蔰猶敷，蔰亦華之貌。所未聞。

卷施草，拔心不死。

宿莽也，《離騷》云。

芍，茭。

今江東呼藕紹緒如指、空中可啖者爲茭茭，即此類。

茭，根。

別二名，俗呼韭根爲茭。

攫，橐含。

未詳。

華，荂也。

今江東呼華爲荂。音敷。

華、荂，榮也。

轉相解。

---

❶ 底本無"人"字，據阮元《校勘記》補。

木謂之華，草謂之榮。不榮而實者謂之秀，榮而不實者謂之英。

釋木第十四

栲，山榎。

今之山楸。

栲，山樗。

栲似樗，色小白，生山中，因名云。亦類漆樹。

柏，椈。

《禮記》曰："鬯臼❶以椈。"

髡，梱。

未詳。

椴❷，柂。

白椴也。樹似白楊。

梅，柟。

似杏，實酢。

柀，煔。

煔似松，生江南。可以爲舩及棺材，作柱，埋之不腐。

---

❶ "臼"，底本作"日"，宋刻監本作"臼"，據改。

❷ "椴"，底本正文及注文皆作"椵"，誤。

櫠，椵。

柚屬也。子大如盂，皮厚二三寸，中似枳，食之少味。

杻，檍。

似棣，細葉。葉新生可飼牛，材中車輞。關西呼杻子，一名土橿。

楙，木瓜。

實如小瓜，酢可食。

椋，即來。

今椋，材中車輞。

栵，栭。

樹似檞樕而庳小，子如細栗❶，可食。今江東亦呼爲栭栗。

櫧，落。

可以爲杯器素。

柚，條。

似橙，實酢。生江南。

時，英梅。

雀梅。

楥，柜柳。

未詳。或曰："柳當爲柳。"柜柳似柳，皮可以賣作飲。

栩，杼。

柞樹。

味，荎著。

---

❶ "栗"，底本作"粟"，宋刻監本作"栗"，據改。

《釋草》已有此名，疑誤重出。

蕍，莖。

今之刺榆。

杜，甘棠。

今之杜梨。

狄，臧槔。貢綦。

皆未詳。

杭，檕梅。

杭樹狀似梅。子如指頭，赤色，似小㮌，可食。

朻者聊。

未詳。

魄，樕樕。

魄，大木細葉，似檀。今江東多有之。齊人諺曰：“上山斫檀，樕樕先殫❶。”

梫，木桂。

今南人呼桂厚皮者爲木桂。桂樹葉似枇杷而大，白華，華而不著子，叢生巖嶺，枝葉冬夏常青，間無雜木。

楰，無疵。

楰，梗屬，似豫章。

椐，樻。

腫節可以爲杖。

檉，河柳。

今河旁赤莖小楊。

---

❶ “殫”，底本作“彈”，宋刻監本、宋刻單疏本作“殫”，據改。

旄，澤柳。

生澤中者。

楊，蒲柳。

可以爲箭。《左傳》所謂"董澤之蒲"。

權，黄英。輔，小木。

權、輔，皆未詳。

杜，赤棠。白者棠。

棠色異，異其名。

諸慮，山櫐。

今江東呼櫐爲藤，似葛而麤大。

欇，虎櫐。

今虎豆，纏蔓林樹而生，莢有毛刺。今江東呼爲欇❶。
欇，音涉。❷

杞，枸檵。

今枸杞也。

杬，魚毒。

杬，大木。子似栗，生南方，皮厚，汁赤，中藏卵果。

檓，大椒。

今椒樹叢生，實大者名爲檓。

楰，鼠梓。

楸屬也。今江東有虎梓。

楓，欇欇。

---

❶ "欇"，宋刻監本作"攝"，誤。
❷ "欇音涉"，宋刻單疏本脱此三字。

楓樹似白楊，葉員而岐，有脂而香，今之楓香是。

寓木，宛童。

寄生樹，一名蔦。

無姑，其實夷。

無姑，姑榆也。生山中。葉員而厚，剝取皮合漬之，其味辛香，所謂無夷。

櫟，其實梂。

有梂彙自裹。

樝，梨。

今楊樝也。實似梨而小，酢可食。

楔，荊桃。

今櫻桃。

旄，冬桃。

子冬熟。

榹桃，山桃。

實如桃而小，不解核。

休，無實李。

一名趙李。

痤，椄慮李。

今之麥李。

駁，赤李。

子赤。

棗，壺棗。

今江東呼棗大而銳上者爲壺。壺，猶瓠也。

邊，要棗。

子細腰，今謂之鹿盧棗。

樲，白棗。

即今棗子白熟。

樲，酸棗。

樹小實酢。《孟子》曰："養其樲棗。"

楊徹，齊棗。

未詳。

遵，羊棗。

實小而員，紫黑色，今俗呼之爲羊矢棗。《孟子》曰："曾晳嗜羊棗。"

洗❶，大棗。

今河東猗氏縣出大棗，子如鷄卵。

煑，填棗。

未詳。

蹶洩，苦棗。

子味苦。

皙，無實棗。

不著子者。

櫅味，稄棗。❷

櫅味，短苦。

樲，梧。

---

❶ "洗"，底本、宋刻監本皆作"洗"，據阮元《校勘記》改。
❷ "櫅味稄棗"，底本、宋刻監本皆作"還味稄棗"，據阮元《校勘記》改。下"櫅味"同。

今梧桐。

樸，枹者。

樸屬叢生者爲枹。《詩》所謂"械樸枹櫟"。

謂槶，采薪。采薪，即薪。

指解今樵薪。

棪，橪其。

棪實似奈，赤可食。

劉，劉杙。

劉子生山中，實如梨，酢甜，核堅，出交趾。

櫰，槐大葉而黑。

槐樹葉大色黑者名爲櫰。

守宮槐，葉晝聶宵炕。

槐葉晝日聶合而夜炕布者，名爲守宮槐。

槐，小葉曰榎。

槐當爲楸。楸細葉者爲榎。

大而皵，楸；

老乃皮麤皵者爲楸。

小而皵，榎。

小而皮麤皵者爲榎。《左傳》曰："使擇美榎。"

椅，梓。

即楸。

楗，赤楝。白者楝❶。

---

❶ "楝"，底本、宋刻監本正文及注文皆作"楝"，周氏《校箋》認爲當作"楝"，據改。

赤楝，樹葉細而岐銳，皮理錯戾，好叢生山中，中爲車輞。白楝，葉員而岐❶，爲大木。

終，牛棘。

即馬棘也。其刺麤而長。

灌木，叢木。

《詩》曰："集於灌木。"

瘣木，苻婁。

謂木病尪傴瘰腫無枝條。

蕡，藹。

樹實繁茂菴藹。

枹，遒木，魁瘣。

謂樹木叢生，根枝節目盤結魂磊。

栵，白桵。

桵，小木，叢生有刺，實如耳璫，紫赤可啖。

樆，山梨。❷

即今梨樹。

桑辨有葚，梔。

辨，半也。

女桑，桋桑。

今俗呼桑樹小而條長者爲女桑樹。

榆，白枌。

---

❶ "岐"，宋刻監本皆作"岐"，誤。

❷ "樆山梨"，底本、宋刻監本皆作"梨山樆"，據阮元《校勘記》改。

枌榆先生葉，却著莢，皮色白。

唐棣，栘。

似白楊，江東呼夫栘。

常棣，棣。

今山中有棣樹，子如櫻桃，可食。

檟，苦荼。

樹小似梔子，冬生葉可煮作羹飲。今呼早采者爲荼，晚取者爲茗。一名荈，蜀人名之苦荼。

楸樸，心。

槲楸別名。

榮，桐木。

即梧桐。

棧木，干木。

橿木也。江東呼木觡。

檿桑，山桑。

似桑。材中作弓及車轅。

木自獘，柛。

獘，踣。

立死，椔。

不獘頓。

蔽者，翳。

樹蔭翳覆地者。《詩》云："其椔其翳。"

木相磨，槸。

樹枝相切磨。

椔，槸。

謂木皮甲錯。

梢，梢櫂。

謂木無枝柯，梢櫂長而殺者。

樕，松葉柏身。

今大廟梁材用此木。《尸子》所謂："松柏之鼠，不知堂密之有美樕。"

檜，柏葉松身。

《詩》曰："檜楫松舟。"

句如羽，喬。

樹枝曲卷似鳥毛羽。

下句曰朻，上句曰喬。如木楸曰喬，

楸樹性其上竦。

如竹箭曰苞，

篠竹性叢生。

如松柏曰茂，

枝葉婆娑。

如槐曰茂。

言亦扶疎茂盛。

祝，州木。髦，柔英。

皆未詳。

槐、棘醜，喬；

枝皆翹竦。

桑、柳醜，條；

阿那垂條。

椒、樕醜，莍；

萸莍子聚生成房貌。今江東亦呼莍。樧似茱萸而小，
赤色。

桃、李醜，核。

子中有核人。

瓜曰華之，桃曰膽之，棗、李曰疐之，樝、梨曰
鑽之。

皆啖食治擇之名。樝似梨而酢澀，見《禮記》。

小枝上繚爲喬。

謂細枝皆翹繚上句者，名爲喬木。

無枝爲檄。

檄擢❶直上。

木族生爲灌。

族，叢。

釋蟲第十五

螜，天螻。

螻蛄也。《夏小正》曰："螜則鳴。"

蜚，蠦蜰。

蜰即負盤，臭蟲。

---

❶ "擢"，底本作"榷"，宋刻單疏本作"擢"，據改。

螾衖，入耳。

蚰蜒。

蛚，蛺蛚。

《夏小正》傳曰："蛺蛚者，五彩具。"

螗蜩。

《夏小正》傳曰："螗蜩者蝒。"俗呼爲胡蟬，江南謂之螗蛦，音黃。

蚻，蜻蜻。

如蟬而小。《方言》云："有文者謂之蟪。"《夏小正》曰："鳴蚻，虎懸。"

蠽，茅蜩。

江東呼爲茅截，似蟬而小，青色。

蝒，馬蜩。

蜩中最大者爲馬蟬。

蜺，寒蜩。

寒螿也。似蟬而小，青赤。《月令》曰："寒蟬鳴。"

蛈蛛，蝥蟷。

即蝭螃也，一名蟪蛄。齊人呼蝥蟷。

蛣蜣，蜣蛝。

黑甲蟲，噉糞土。

蝎，蛣蟩。

木中蠹蟲。

蟼，齧桑。

似天牛，長角，體有白點。喜齧桑樹，作孔入其中。江東呼爲齧髮。

184

諸慮，奚相。

未詳。

蜉蝣，渠略。

似蛣蜣，身狹而長，有角，黃黑色。叢生糞土中，朝生暮死。豬好啖之。

蚾，螶蚚。

甲蟲也。大如虎豆，綠色，今江東呼黃蚚。音瓶。

蠸，輿父，守瓜。

今瓜中黃甲小蟲，喜食瓜葉，故曰守瓜。

蝚，蛈螻。

蛈螻，螻蛄類。

不蜩，王蚥。

未詳。

蛄䗐，強蛘。

今米穀中蠹小黑蟲❶是也。建平人呼爲蛘子。音芊姓。

不過，蟷蠰。

蟷蠰，螳蜋別名。

其子蜱蛸。

一名蟖蟭，蟷蠰卵也。

蒺藜，蝍蛆。

似蝗而大腹，長角，能食蛇腦。

蝝，蝮蜪。

蝗子未有翅者。《外傳》曰：“蟲舍蚳蝝。”

---

❶ “蠹小黑蟲”，阮元《校勘記》認爲應作“小黑蠹蟲”。

蟋蟀，蛬。

今促織也。亦名青蛪。

蠜，蟆。

蛙類。

蜋，馬蠸。

馬蠲蚼，俗呼馬蜒。

蛗螽，蠜。

《詩》曰："趯趯阜螽[1]。"

草螽，負蠜。

《詩》云："喓喓草蟲。"謂常羊也。

蜇螽，蜙蝑。

蜙蜶也，俗呼蝽蝝[2]。

蟿螽，螇蚸[3]。

今俗呼似蜙蜶而細長、飛翅作聲者爲螇蚸。

土螽，蠰谿。

似蝗而小，今謂之土蠑。

螼蚓，蜸蠶。

即蛩蟺也，江東呼寒蚓。

莫貈，螳[4]蜋，蛑。

---

❶ "阜螽"，底本作"阜蟲"，今本《詩經》作"阜螽"，據改。

❷ "蝽蝝"，底本作"蝽蟒"，宋刻監本、宋刻單疏本作"蝽蝝"，據周氏《校箋》校改。

❸ "蚸"，宋刻監本作"蚚"。

❹ "螳"，底本作"蟷"，宋刻監本、宋刻單疏本皆作"螳"，阮元《校勘記》亦同，據改。

蟷蜋，有斧蟲，江東呼石蜋。孫叔然以《方言》説此，義亦不了。

虰蛵，負勞。

或曰："即蜻蛉也，江東呼狐梨。"所未聞。

蛂，毛蠹。

即蝅。

螸，蛄螱。

蝅屬也。今青州人呼蝅爲蛄螱。孫叔然云："八角螱蟲。"失之。

蟠，鼠負。

瓮器底蟲。

蟫，白魚。

衣書中蟲，一名蛃魚。

蛅，羅。

蠶蛅。

翰，天鷄。

小蟲，黑身，赤頭，一名莎鷄，又曰樗鷄。

傅，負版。

未詳。

強，蚚。

即強醜捋。

蚅，蠾何。

未詳。

蒐，蛹。

蠶蛹❶。

蜆，縊女。

小黑蟲，赤頭，喜自經死，故曰縊女。

蚍蜉，大螘。

俗呼爲馬蚍蜉。

小者螘。

齊人呼蟻蟻蚳。

蠪，朾螘。

赤駁蚍蜉。

螱，飛螘。

有翅。

其子蚳。

蚳，蟻卵。《周禮》曰："蚳醢醬。"

次蟗，鼅鼄。鼅鼄，鼄蝥。

今江東呼蝃蝥。音掇。

土鼅鼄。

在地中布網者。

草鼅鼄。

絡幕草上者。

土蠭。

今江東呼大蠭在地中作房者爲土蠭，啖其子，即馬蠭，今荆、巴間呼爲蟺。音憚。

木蠭。

---

❶ "蛹"，底本作"蛑"，宋刻監本作"蛹"，據改。

似土蠭而小，在樹上作房，江東亦呼爲木蠭，又食其子。

蟥，蟥蠰。

在糞土中。

蟠蟥，蝎。

在木中。今雖通名爲蝎，所在異。

蚚威，委黍。

舊說鼠婦別名。然所未詳。

蠨蛸，長踦。

小蜘蛛長脚者，俗呼爲喜子。

蛭蝚，至掌。

未詳。

國貉，蟲蠁。

今呼蛹蟲爲蠁。《廣雅》云："土蛹，蠁蟲。"

蠖，蚇①蠖。

今蚇蠖。

果蠃，蒲盧。

即細腰蠭也，俗呼爲蠮螉。

蜭蛉，桑蟲。

俗謂之桑蟃，亦曰戎女。

蝎，桑蠹。

即蛣蜎。

熒火，即炤。

夜飛，腹下有火。

---

❶ "蚇"，底本作"版"，宋刻監本、唐石經本作"蚇"，據改。

密肌，繼英。

未詳。

蚅，烏蠋。

大蟲，如指，似蠶，見《韓子》。

蠓，蠛蠓。

小蟲，似蚋，喜亂飛。

王，蛈蝪。

即蝰蟷❶，似鼄蟊。在穴中，有蓋，今河北人呼蛈蝪。

蟓，桑繭。

食桑葉作繭者，即今蠶。

雔由，樗繭，

食樗葉。

棘繭，

食棘葉。

欒繭。

食欒葉。

蚢，蕭繭。

食蕭葉者，皆蠶類。

翥醜，罷，

剖母背而生。

螽醜，奮，

好奮迅作聲。

強醜，捋，

---

❶ "蟷"，底本作"蝪"，宋刻監本作"蟷"，據改。

以脚自摩抍。

蠜醜，螒，

垂其腴。

蠅醜，扇。

好摇翅。

食苗心，螟。食葉，蟘。食節，賊。食根，蟊。

分別蟲啖食禾所在之名耳，皆見《詩》。

有足謂之蟲，無足謂之豸。

釋魚第十六

鯉。

今赤鯉魚。

鱣。

鱣，大魚。似鱘而短，鼻口在頷下，體有邪行甲，無鱗，肉黃，大者長二三丈，今江東呼爲黃魚。

鰥。

今鰥額白魚。

鮎。

別名鯷。江東通呼鮎爲鮧。

鱧。

鮦也。

鯀。

今鯶❶魚，似鱒而大。

鯊，鮀。

今吹沙小魚，體員而有文點❷。

鮈，黑鰦。

即白鰷❸，江東呼爲鮈。

鰼，鰌。

今泥鰌。

鯢，大鮦；小者鮵。

今青州呼小鱯爲鮵。

魾，大鱯，小者鮡。

鱯，似鮎而大，白色。

鱎，大鰕。

鰕大者出海中，長二三丈，鬚長數尺。今青州呼鰕魚爲鱎。音鄳鄗。

鯤，魚子。

凡魚之子摠名鯤。

鱀，是鱁。

鱀，鱛屬也。體似鱏，尾如鮈魚，大腹，喙小銳而長，齒羅生，上下相銜，鼻在額上，能作聲，少肉多膏。胎生。健啖

---

❶ "鯶"，底本作"鱣"，各參校本作"鯶"，阮元《校勘記》言當作"鯶"，"鱣"訛。據改。

❷ "文點"，底本作"點文"，阮元《校勘記》："按，'點文'當作'文點'……此作'點文'，非。"據改。

❸ "鰷"，底本作"鰷"，宋刻監本作"鰷"，據改。

細魚。大者長丈餘，江中多有之。

鱦，小魚。

《家語》曰："其小者鱦魚也。"今江東亦呼魚子未成者爲鱦。音繩。

鮥，鮛❶鮪。

鮪，鱣屬也。大者名王鮪，小者名鮛鮪。今宜都郡自荊門❷以上，江中通出鱏鱣之魚，有一魚狀似鱣而小，建平人呼鮥子，即此魚也。音洛。

鮡，當魱。

海魚也。似鯿而大鱗，肥美多鯁，今江東呼其最大長三尺者爲當魱。音胡。

鮤，鱴刀。

今之鮆魚也，亦呼爲魛魚。

鱊鮬，鱖鯞。

小魚也。似鮒子而黑，俗呼爲魚婢，江東呼爲妾魚。

魚有力者，鰴。

強大多力。

魵，鰕。

出穢邪頭國，見呂氏《字林》。

鮂，鯠。

似鮸子，赤眼。

魴，魾。

---

❶ "鮛"，阮元《校勘記》："'鮛'當作'叔'。"
❷ "荊門"，底本、宋刻監本皆作"京門"，誤。

江東呼❶鮒魚爲鯿，一名魠。音毗。

鯰，鯠。

未詳。

蜎，蠉。

井中小蛣蟩，赤蟲，一名孑孑，《廣雅》云。

蛭，蟣。

今江東呼水中蛭蟲入人肉❷者爲蟣。

科斗，活東。

蝦蟆子。

魁陸。

《本草》云："魁，狀如海蛤，員而厚，外有理縱橫。即今之蚶❸也。"

蜪蚅。

未詳。

鼁𪓰，蟾諸。

似蝦蟆，居陸地。淮南謂之去蚥。

在水者黽。

耿黽也。似青蛙，大腹，一名土鴨。

蛣，蠯。

今江東呼蚌長而狹者爲蠯。

蚌，含漿。

---

❶ 阮元《校勘記》認爲"呼"字前當補"人"字。
❷ 阮元《校勘記》認爲"入人肉"前當補"嘉"字。
❸ "蚶"，宋刻監本作"蚹"，誤。

蚌，即蜃也。

鼈三足，能。龜三足，賁。

《山海經》曰：“從山多三足鼈，大苦山❶多三足龜。”今吳興郡陽羨縣君山上有池，池中出三足鼈，又有六眼龜。

蚹蠃，螔蝓。

即蝸牛也。

蠃小者蜬。

螺大者如斗，出日南漲海中。可以爲酒杯。

蜎蠌，小者蟧。

螺屬，見《埤蒼》。或曰：“即彭蜎也，似蟹而小。”音滑。

蜬，小者珧。

珧，玉❷珧。即小蚌。

龜，俯者靈，

行頭低。

仰者謝，

行頭仰。

前弇諸果，

甲前長。

後弇諸獵，

甲後長。

---

❶ “大苦山”，底本、宋刻監本皆作“大若山”，宋刻單疏本作“大苦山”。按，《山海經·中山經》有“大苦之山”，據改。

❷ “玉”，底本作“王”，宋監刻本作“玉”，據改。

左倪不類，

行頭左庫，今江東所謂左食者，以甲卜審。

右倪不若。

行頭右庫，爲右食，甲形皆爾。

貝，居陸贆。在水者蜬。

水、陸異名也。貝中肉如科斗，但有頭尾耳。

大者魧，

《書大傳》曰：“大貝，如車渠。”渠❶謂車輞，即
魧屬。

小者鱝。

今細貝亦有紫色者，出日南。

玄貝，貽貝。

黑色貝也。

餘貾，黃白文。

以黃爲質，白爲文點。

餘泉，白黃文。

以白爲質，黃爲文點。今之紫貝，以紫爲質，黑爲文點。

蚆，博而頯。

頯者，中央廣，兩頭銳。

蜠，大而險。

險者，謂汙薄。

---

❶ “渠”，底本作“車渠”，阮元《校勘記》云：“按，疏云《考工
記》謂‘車輞爲渠’，故云‘渠謂車輞’，然則上‘車’字衍文，因上引
《書大傳》致誤。”據刪“車”字。

蜻，小而橢。

即上小貝。橢謂狹而長，此皆説貝之形容。

蠑螈，蜥蜴；蜥蜴，蝘蜓；蝘蜓，守宮也。

轉相解，博異語，別四名也。

蚖，蟹。

蝮屬。大眼，最有毒，今淮南人呼蟹子。音惡。

螣，螣蛇。

龍類也，能興雲霧而遊其中。淮南云蟒蛇。

蟒，王蛇。

蟒，蛇最大者，故曰王蛇。

蝮虺，博三寸，首大如擘。

身廣三寸，頭大如人擘指。此自一種蛇，名爲蝮虺。

鯢，大者謂之鰕。

今鯢魚似鮎，四脚，前似獼猴，後似狗。聲如小兒啼，大者長八九尺。

魚枕謂之丁，

枕，在魚頭骨中，形似篆書丁字，可作印。

魚腸謂之乙，魚尾謂之丙。

此皆似篆書字，因以名焉。《禮記》曰：“魚去乙。”然則魚之骨體，盡似丙丁之屬，因形名之。

一曰神龜，

龜之最神明。

二曰靈龜，

涪陵郡出大龜，甲可以卜，緣中文似瑇瑁，俗呼爲靈龜，即今蟕蠵龜。一名靈蠵，能鳴。

197

三曰攝龜，

小龜也。腹甲曲折，解能自張閉，好食蛇，江東呼爲陵龜。

四曰寶龜，

《書》曰："遺我大寶龜。"

五曰文龜，

甲有文彩者。《河圖》曰："靈龜負書，丹甲青文。"

六曰筮龜，

常在蓍叢下潛伏，見《龜策傳》。

七曰山龜，八曰澤龜，九曰水龜，十曰火龜。

此皆説龜生之處所。火龜猶火鼠耳。物有含異氣者，不可以常理推，然亦無所怪。

釋鳥第十七

隹其，鳺鴀。

今鵓鳩。

鸍鳩，鵧鷑。

似山鵲而小，短尾，青黑色，多聲，今江東亦呼爲鵧鷑。

鳲鳩，鴶鵴。

今之布穀也。江東呼爲穫穀。

鷑鳩，鵧鷑。

小黑鳥，鳴自呼，江東名爲烏鶝❶。

鴟鳩，王鴟。

鵰類。今江東呼之爲鶚，好在江渚山邊❷食魚。《毛詩傳》曰："鳥摯而有別。"

鴶，鴶鵴。

今江東呼鵗鵴爲鴶鵴，亦謂之鴶鴶。音格。

鷗，鶋軌。

未詳。

鶇，天狗。

小鳥也。青似翠，食魚，江東呼爲水狗。

鸚，天鸙。

大如鷃雀，色似鶉，好高飛作聲，今江東名之曰天鸚。音綢繆。

鶬鸚，鵝。

今之野鵝。

鶬，麋鴰。

今呼鶬鴰。

鶬，烏鸚。

水鳥也。似鶬而短頸，腹翅紫白，背上綠色，江東呼烏鸚。音駁。

舒鴈，鵝。

---

❶ "鶝"，底本作"鴟"，宋刻監本作"鳴"，皆誤。宋蜀大字本作"鶝"，據改。
❷ "好在江渚山邊"，阮元《校勘記》認爲當作"好在江中渚邊"。

《禮記》曰："出如舒鴈。"今江東呼鵝。音加。

舒鳧，鶩。

鴨也。

鶄，鵁鶄。

似鳧，脚高，毛冠。江東人家養之以厭火災。

鵏，鸕鶿。

未詳。

鵜，鴮鸅。

今之鵜鶘也。好羣飛，沈水食魚，故名洿澤。俗呼之爲
淘河。

鶾，天鷄。

鶾鷄，赤羽。《逸周書》曰："文鶾，若彩鷄，成王時蜀
人獻之。"

鷑，山鵲。

似鵲而有文彩，長尾，觜、脚赤。

鷸，負雀。

鷸，鵛也。江南呼之爲鷸，善捉雀，因名云。音淫。

齧齒，艾。

未詳。

鶹，鷅老。

鵂❶鶹也，俗呼爲癡鳥。

鵋，鶪。

---

❶ "鵂"，諸本多誤作"鶹"。宋刻單疏本、陸氏《釋文》作
"鵂"，據改。

今鷃雀。

桑鳸，竊脂。

俗謂之青雀，觜曲，食肉，好盜脂膏，因名云。

鳭鷯，剖葦。

好剖葦皮，食其中蟲，因名云。江東呼蘆虎，似雀，青班，長尾。

桃蟲，鷦。其雌鴱❶。

鷦鷯，桃雀也。俗呼爲巧婦。

鶠，鳳。其雌皇。

瑞應鳥。鷄頭、蛇頸、燕頷、龜背、魚尾，五彩色。其高六尺許。

鶺鴒，雝渠。

雀屬也。飛則鳴，行則搖。

鸒斯，鵯鶋。

雅烏也。小而多羣，腹下白，江東亦呼爲鵯烏。音匹。

燕，白脰烏。

脰，頸。

鴽，鴾母。

鶉也。青州呼鴾母。

密肌，繫英。

《釋蟲》以❷有此名，疑誤重。

雟周。

---

❶ "鴱"，宋刻監本作"䳏"，誤。
❷ "以"，當作"已"。

子巂鳥，出蜀中。

燕燕，鳦。

《詩》云："燕燕于飛。"一名玄鳥，齊人呼鳦。

鴟鴞，鸋鴂。

鴟類。

狂，茅鴟。

今䳸鴟也，似鷹而白。

怪鴟。

即鴟鵂也，見《廣雅》。今江東通呼此屬爲怪鳥。

梟，鴟。

土梟。

鶅，劉疾。

未詳。

生哺，鷇。

鳥子須母食之。

生噣，雛。

能自食。

爰居，雜縣。

《國語》曰："海鳥爰居。"漢元帝時琅邪有大鳥如馬駒，時人謂之爰居。

春扈，鳻鶞。夏扈，竊玄。秋扈，竊藍。冬扈，竊黃。桑扈，竊脂。棘扈，竊丹。行扈，唶唶。宵扈，嘖嘖。

諸扈皆因其毛色、音聲以爲名。竊藍，青色。

鶭鴡，戴鵀。

鵤即頭上勝，今亦呼爲戴勝。鶻鵃猶鶻鵃，語聲轉耳。

鵁，澤虞。

今婟澤鳥。似水鴞，蒼黑色，常在澤中。見人輒鳴喚不去，有象主守之官，因名云。俗呼爲護田鳥。

鷲，鶹。

即鸕鷀也。觜頭曲如鈎，食魚。

鶩，鶉。其雄鶛，牝庳❶。

鶉❷，鶛屬。

鸍，沈鳧。

似鴨而小，長尾，背上有文。今江東亦呼爲鸍。音施。

鷉，頭鵁。

似鳧，脚近尾，略不能行。江東謂之魚鵁。音髖箭。

鶛鳩，寇雉。

鶛大如鴿，似雌雉，鼠脚，無後指，岐尾。爲鳥憨❸急，羣飛，出北方沙漠地。

萑，老鵵。

木兔也。似鴟鵂而小，兔頭，有角，毛脚。夜飛，好食鷄。

鵰鴬鳥。

似雉，青身，白頭。

狂，鸑鳥。

---

❶ "庳"，底本作"痺"，宋刻監本、宋蜀大字本皆作"庳"，據改。
❷ "鶉"，底本作"鶉"，宋刻監本作"鶉"，據改。
❸ "憨"，底本作"憨"，宋刻監本作"憨"，據改。

狂鳥，五色，有冠，見《山海經》。

皇，黄鳥。

俗呼黄離留，亦名摶[1]黍。

翠，鷸。

似燕，紺色，生鬱林。

鸀，山烏。

似烏而小，赤觜，穴乳，出西方。

蝙蝠，服翼。

齊人呼爲蟙䘃，或謂之仙鼠。

晨風，鸇。

鷂屬。《詩》曰："鴥[2]彼晨風。"

鸉，白鷢。

似鷹，尾上白。

寇雉，泆泆。

即鷄鳩也。

鷏，蟁母。

似烏鸔而大，黄白雜文，鳴如鴿聲，今江東呼爲蚊母。俗説此鳥常吐蚊，故[3]以名云。

鷉，須蠃。

鷉，鷿鷉。似鳧而小，膏中瑩刀。

鼯鼠，夷由。

---

[1] "摶"，底本、宋刻監本皆作"搏"，據阮元《校勘記》改。
[2] "鴥"，宋刻監本、宋蜀大字本皆作"鴪"，誤。
[3] "故"，宋刻監本、宋蜀大字本皆作"因"。

狀如小狐，似蝙蝠，肉翅。翅尾項脅毛紫赤色，背上蒼艾色，腹下黃，喙頷雜白。腳短，爪長，尾三尺許。飛且乳，亦謂之飛生。聲如人呼，食火煙。能從高赴下，不能從下上高。

倉庚，商庚。

即鵹黃也。

鴀❶，餔豉。

未詳。

鷹，鶆鳩。

鶆，當爲鵨字之誤耳。《左傳》作“鵨鳩”是也。

鶃鶃，比翼。

說已❷在上。

鵹黃，楚雀。

即倉庚也。

鴷，斲木。

口如錐，長數寸，常斲樹食蟲，因名云。

鷽，鸍鸍。

似烏，蒼白色。

鸍，諸雉。

未詳。或云即今雉。

鷺，舂鉏。

白鷺也。頭、翅、背上皆有長翰毛。今江東人取以爲睫䍦，名之曰白鷺縗。

---

❶ “鴀”，宋刻監本作“鴲”。
❷ “已”，底本、宋刻監本皆作“巳”。

鷮雉。

青質，五彩。

鷂雉。

即鷂鷄也，長尾，走且鳴。

鳴[1]雉。

黃色，鳴自呼。

鷩雉。

似山鷄而小冠。背毛黃，腹下赤，項綠色鮮明。

秩秩，海雉。

如雉而黑，在海中山上。

鸐，山雉。

長尾者。

翰雉，鷳雉。

今白鷳也，江東呼白翰，亦名白雉。

雉絕有力，奮。

最健鬬。

伊、洛而南，素質、五采皆備成章曰翬。

翬亦雉屬，言其毛色光鮮。

江、淮而南，青質、五采皆備成章曰鷂。

即鷂雉也。

南方曰𩿧，東方曰鶅，北方曰鵗，西方曰鷷。

說四方雉之名。

鳥鼠同穴，其鳥爲鵌，其鼠爲鼵。

---

❶ "鳴"，宋刻監本作"鳰"，從"十"，蓋因形似"卜"而誤。

鼵如人家鼠而短尾，鵌似鵵而小，黃黑色。穴❶入地三四尺，鼠在內，鳥在外。今在隴西首陽縣鳥鼠同穴山中。孔氏《尚書傳》云："共爲雄雌。"張氏《地理記》云："不爲牝牡。"

鸛鷒，鶝鶔。如鵲，短尾，射之，銜矢射人。

或説曰："鸛鷒，鶝鶔，一名墮羿。"

鶛鴟醜，其飛也翪。

竦翅上下。

鳶烏醜，其飛也翔。

布翅翶翔。

鷹隼醜，其飛也翬。

鼓翅翬翬然疾。

鳧雁醜，其足蹼，

腳指間有幕蹼屬相著。

其踵企。

飛却伸其腳跟企直。

烏鵲醜，其掌縮。

飛縮腳腹下。

亢，鳥嚨。

嚨謂喉嚨。亢即咽。

其粻，嗉。

嗉者，受食之處，別名嗉。今江東呼粻。

鶉子，鳼。鴠子，鸋。

───────────────

❶ "穴"，底本脱，據宋刻監本、宋蜀大字本補。

別鷣鶉雛之名。

雉之暮子爲鷚。

晚生者，今呼少雞爲鷚。

鳥之雌雄不可別者，以翼右掩左，雄；左掩右，雌。鳥少美長醜爲鶹鷅。

鶹鷅，猶留離。《詩》所謂：“留離之子。”

二足而羽謂之禽，四足而毛謂之獸。

鵙，伯勞也。

似鶷鶡❶而大，《左傳》曰：“伯趙是。”

倉庚，鶭黃也。

其色鶭黑而黃，因以名云。

釋獸第十八

麋：牡，麔；牝，麎；其子，麇；

《國語》曰：“獸長麛❷麇。”

其跡，躔；

脚所踐處。

---

❶ “鶷鶡”，宋刻單疏本作“鶡”。
❷ “麛”，底本作“麝”，宋刻監本、宋蜀大字本皆作“麛”，據改。

絶有力，狄。

鹿：牡，麚；牝，麀；其子，麛；其跡，速；絶有
力，麤。

麔：牡，麚；

《詩》曰："麀鹿麌麌。"鄭康成解即謂此也。但重
言耳。

牝，麜；其子，麆；其跡，解；絶有力，豜。

狼：牡，獾；牝，狼；其子，獥；絶有力，迅。

兔子，嬎；

俗呼曰鱺。

其跡，迒；絶有力，欣。

豕子，豬。

今亦曰彘，江東呼豨❶，皆通名。

豶，豴。

俗呼小豴豬爲豶子。

幺，幼。

最後生者，俗呼爲幺豚。

奏者豱。

今豱豬，短頭，皮理腠蹙。

豕生三，豵；二，師；一，特。

豬生子常多，故別其少者之名。

所寢，橧。

橧，其所臥蓐。

---

❶ "江東呼豨"，阮元《校勘記》認爲當作"江東呼爲豨"。

四豵皆白，豥。

《詩》云❶："有豕白蹢。"蹢，蹄也。

其跡，刻。絶有力，豧。

即豕高五尺者。

牝，豝。

《詩》云："一發五豝。"

虎竊毛謂之虦貓。

竊，淺也。《詩》曰："有貓有虎。"

貘，白豹。

似熊，小頭，庳脚，黑白駁，能舐食銅鐵及竹。❷骨節強直。中實少髓，皮辟濕。或曰豹，白色者別名貘。

甝，白虎。

漢宣帝時，南郡獲白虎，獻其皮、骨、爪牙。

虪，黑虎。

晉永嘉四年，建平秭歸縣檻得之。狀如小虎而黑，毛深者爲斑。《山海經》云："幽都山多玄虎、玄豹。"

貀，無前足。

晉太康七年，召陵扶夷縣檻得一獸，似狗，豹文，有角，兩脚，即此種類也。或説貀似虎而黑，無前兩足。

鼳，鼠身長須而賊，秦人謂之小驢。

鼳，似鼠而馬蹄，一歲千斤，爲物殘賊。

熊虎醜，其子，狗；絶有力，麤。

---

❶ "云"，宋刻監本作"曰"。
❷ 宋刻監本此句末有"骨"字，疑爲衍文。

《律》曰："捕虎一，購錢三千，其狗半之。"

貍子，隸。

今或呼貁貍。

貀子，貆。

其雌者名豾。今江東呼貉爲狄狄。

貒子，貗。

貒豚也，一名貛。

貔，白狐。其子，縠。

一名執夷，虎豹之屬。

麝父，麚足。

脚似麚，有香。

豺，狗足。

脚似狗。

貜㹢，似貍。

今山民呼貜虎之大者爲貜犴。音岸。

羆，如熊，黄白文。

似熊而長頭高脚，猛憨多力，能拔樹木，關西呼曰猳羆。

麢，大羊。

麢羊似羊而大，角員鋭，好在山崖間。

麠，大麃，牛尾，一角。

漢武帝郊雍，得一角獸，若❶麃然，謂之麟者，此是也。麃即麠。

麐，大麢，旄毛，狗足。

---

❶ "若"，底本作"苦"，宋刻監本作"若"，據改。

旄毛，獂長。

魋，如小熊，竊毛而黃。

今建平山中有此獸，狀如熊而小，毛麤淺赤黃色，俗呼爲赤熊，即魋也。

貘貐，類貙，虎爪，食人，迅走。

迅，疾。

狻麑，如虦貓，食虎豹。

即師子也，出西域。漢順帝時疎勒王來獻犎牛及師子。《穆天子傳》曰：“狻猊日走五百里。”

騏，如馬，一角；不角者，騏。

元康八年，九真郡獵得一獸，大如馬，一角，角如鹿茸，此即騏也。今深山中人時或見之，亦有無角者。

羱，如羊。

羱羊，似吳羊而大角，角橢，出西方。

麔，麚身，牛尾，一角。

角頭有肉。《公羊傳》曰：“有麔而角。”

猶，如麂，善登木。

健上樹。

貄，脩毫。

毫毛長。

貙，似狸。

今貙虎也。大如狗，文如狸。

兕，似牛。

一角，青色，重千斤。

犀，似豕。

形似水牛，豬頭，大腹，庳脚。脚有三蹄，黑色。三角，一在頂上，一在額上，一在鼻上。鼻上者，即食角也。小而不橢，好食棘。亦有一角者。

彙，毛刺。

今蝟，狀似❶鼠。

狒狒，如人，被髮，迅走，食人。

梟羊也。《山海經》曰：“其狀如人，面長唇黑，身有毛，反踵❷，見人則笑。交、廣及南康郡山中亦有此物，大者長丈許。俗呼之曰山都。”

貍、狐、貒、貈醜，其足蹯；

皆有掌蹯。

其跡，厹。

厹，指頭處。

蒙頌，猱狀。

即蒙貴也。狀如蜼而小，紫黑色。可畜，健捕鼠，勝於貓。九真、日南皆出之。猱亦獼猴之類。

猱、蝯，善援。

便攀援。

貜父，善顧。

貑貜也，似獼猴而大，色蒼黑，能貜持人，好顧盼❸。

威夷，長脊而泥。

---

❶ “似”，宋刻單疏本作“如”。

❷ “反踵”，底本、宋刻監本皆作“及踵”，宋蜀大字本作“反踵”，據改。

❸ “盼”，宋刻監本作“盻”。

泥，少才力。

麢、麞，短脰。

脰，項。

贙，有力。

出西海，大秦國有養者，似狗，多力，獷惡。

㺿，迅頭。

今建平山中有㺿，大如狗，似獼猴。黃黑色，多髯鬣，如[1]奮迅其頭，能舉石擿人。玃類也。

蜼，卬鼻而長尾。

蜼，似獼猴而大。黃黑色，尾長數尺，似獺尾，末有岐。鼻露向上，雨即自縣於樹，以尾塞鼻，或以兩指。江東人亦取養之。爲物捷健。

時，善乘領。

好登山峰。

猩猩，小而好啼。

《山海經》曰："人面豕身，能言語。"今交阯封谿縣出猩猩，狀獾狪，聲似小兒啼。

闕洩，多狃。

說者云："脚饒指。"未詳。

寓屬

鼢鼠。

地中行者。

---

❶ "如"，宋刻監本作"好"。

鼸鼠。

以頰裹藏食。

鼶鼠。

有螫毒者。

鼵鼠。

《夏小正》曰：“鼵鼬則穴。”

鼬鼠。

今鼬似貂，赤黃色，大尾，啖鼠，江東呼爲鼪。音牲。

鼩鼠。

小鼱鼩也，亦名鼨鼩。

鼩鼠。

未詳。

鼷鼠。

《山海經》説獸云：“狀如鼷鼠。”然形則未詳。

鼫鼠。

形大如鼠，頭似兔，尾有毛，青黃色，好在田中食粟豆。關西呼爲鼩鼠，見《廣雅》。音瞿。

鼪鼠，鼬鼠。

皆未詳。

豹文鼮鼠。

鼠文彩如豹者。漢武帝時得此鼠，孝廉郎終軍知之，賜絹百匹。

鼳鼠。

今江東山中有鼳鼠，狀如鼠而大，蒼色，在樹木上。音巫覡。

鼠屬

牛曰齝,
食之已❶久，復出嚼之。

羊曰齥,
今江東呼齝爲齥。音漏洩。

麋鹿曰齸。
江東名咽爲齸。齸者，齝食之所在，依名云。

鳥曰嗉,
咽中裹食處。

寓鼠曰嗛。
頰裹貯食處。寓，謂獼猴之類寄寓木上。

齸屬。

獸曰釁,
自奮釁。

人曰撟,
頻伸夭撟。

魚曰須,
鼓鰓須息。

鳥曰狊。
張兩翅，皆氣體所須。

須屬

---

❶ "已"，底本、宋刻監本皆作"巳"。

釋畜第十九

騊駼馬。

《山海經》云："北海內有獸，狀如馬，名騊駼。色青。"

野馬。

如馬而小，出塞外。

駮，如馬，倨牙，食虎豹。

《山海經》云："有獸名駮，如白馬，黑尾，倨牙，音如鼓，食虎豹。"

騉蹄，趼❶，善陞甗。

甗，山形似甑，上大下小。騉蹄，蹄如趼而健上山。秦時有騉蹄苑。

騉駼，枝蹄趼，善陞甗。

騉駼，亦似馬而牛蹄。

小領，盜驪。

《穆天子傳》曰："天子之駿，盜驪、綠耳。"又曰："右服盜驪。"盜驪，千里馬領頸。

絕有力，馰。

---

❶ "趼"，阮元《校勘記》認爲當作"研"。

即馬高八尺。

膝上皆白，惟馵。四骹皆白，驓。

骹，膝下也。

四蹢皆白，首。

俗呼爲踏雪馬。

前足皆白，騱。後足皆白，翑。前右足白，啓。

《左傳》曰："啓服。"

左白，踦。

前左脚白。

後右足白，驤。左白，馵。

後左脚白。《易》曰："震爲馵足。"

驔馬白腹，騵。

驔，赤色黑鬣。

驪馬白跨，驈。

驪，黑色。跨，髀間。

白州，驠。

州，竅。

尾本白，騴。

尾株白。

尾白，駺。

俱尾毛白。

馰❶顙，白顚。

戴星馬也。

---

❶ "馰"，宋刻單疏本作"的"。

白達素，縣。

素，鼻莖也。俗所謂漫髗徹齒。

面顙皆白，惟駹。

顙，額。

回毛在膺，宜乘。

樊光云："俗呼之官府馬。伯樂相馬法，旋毛在腹下如乳者，千里馬。"

在肘後，減陽。在幹，茀方。

幹，脅。

在背，閷廣。

皆別旋毛所在之名。

逆毛，居馻。

馬毛逆刺。

騋牝，驪牡。

《詩》云："騋牝三千。"馬"七尺已上為騋"，見《周禮》。

玄駒，褭驂。

玄駒，小馬，別名褭驂耳。或曰："此即騕褭，古之良馬名。"

牡曰騭，

今江東呼駮❶馬為騭，音質。

牝曰騇。

草馬名。

---

❶ "駮"，宋刻監本、宋蜀大字本皆作"駮"，誤。

騢白，駁。黃白，騜。

《詩》曰："騜駁其馬。"

騢馬黃脊，騝。驪馬黃脊，騜。

皆背脊毛黃。

青驪，駽。

今之鐵驄。

青驪驎，駰。

色有深淺，班駁隱粼❶，今之連錢驄。

青驪繁鬣，騥。

《禮記》曰："周人黃馬繁鬣。"繁鬣，兩被毛，或云美
髦鬣。

驪白雜毛，駂。

今之烏驄。

黃白雜毛，駓。

今之桃華馬。

陰白雜毛，駰。

陰，淺黑。今之泥驄。

蒼白雜毛，騅。

《詩》曰："有騅有駓。"

彤白雜毛，騢。

彤赤，即今之赭白馬。❷

白馬黑鬣，駱。

---

❶ "粼"，宋刻單疏本作"鄰"，誤。

❷ 此句底本作"即今之赭白馬彤赤"，據阮元《校勘記》改。

《禮記》曰："夏后氏駱馬黑鬣。"

白馬黑脣，駓。黑喙，騧。

今之淺黃色者爲騧馬。

一目白，瞷。二目白，魚。

似魚目也。《詩》曰："有驔有魚。"

"既差我馬"，差，擇也。宗廟齊毫，

尚純。

戎事齊力，

尚強。

田獵齊足。

尚疾。

馬屬。

犛牛，

出巴中，重千斤。

犦牛，

即犎牛也。領上肉犦胅起，高二尺許，狀如橐駝，肉鞍一邊，健行者，日三百餘里。今交州合浦徐聞縣❶出此牛。

犤牛，

犤牛，庳小，今之㸿牛也。又呼果下牛，出廣州高涼郡。

魏牛❷，

即犩牛也。如牛而大，肉數千斤，出蜀中。《山海經》

---

❶ "徐聞縣"，宋刻監本作"徐閒縣"，誤。

❷ "魏牛"，宋刻監本、宋蜀大字本皆作"犪牛"。

曰：岷山"多犪牛"。

犪牛，

旄牛也。髀、膝、尾皆有長毛。

犝牛，

今無角牛。

㸬牛。

未詳。

角一俯一仰，觭；

牛角低仰。

皆踊，觢。

今豎角牛。

黑脣，犉。

《毛詩傳》曰："黃牛黑脣。"此宜通謂黑脣牛。

黑眥，牰。

眼眥黑。

黑耳，犚。黑腹，牧。黑脚，犈。

皆別牛黑所在之名。

其子，犢。

今青州呼犢爲牳。

體長，牬。

長身者。

絕有力，欣犌。

牛屬

羊：牡，羒；

謂吳羊白羝。

牝，牂。

《詩》曰：“牂羊墳首。”

夏羊：

黑羖㹪。

牡，羭；

黑羝也。《歸藏》曰：“兩壺兩羭。”

牝，羖。

今人便以牂、羖爲白黑[1]羊名。

角不齊，觤。

一短一長。

角三觠，羷。

觠角三匝。

羳羊，黃腹。

腹下黃。

未成羊，羜。

俗呼五月羔爲羜。

絕有力，奮。

羊屬

犬生三，猣；二，師；一，玂。

此與豬生子義同。名亦相出入。

未成毫，狗。

---

❶ “白黑”，宋刻監本作“黑白”，此葉爲影抄，蓋誤。

狗子未生毚毛者。

長喙，獫。短喙，猲獢。

《詩》曰：“載獫猲獢。”

絶有力，狣。尨，狗也。

《詩》曰：“無使尨也吠。”

狗屬

鷄，大者蜀。

今蜀鷄。

蜀子，雓。

雛子名。

未成鷄，健。

今江東呼鷄少者曰健。音練也。

絶有力，奮。

諸物有氣力多者，無不健自奮迅，故皆以名云。

鷄屬

馬八尺爲駴。

《周禮》云：“馬八尺已上爲駴。❶”

牛七尺爲犉。

《詩》曰：“九十其犉。”亦見《尸子》。

羊六尺爲羬。

---

❶ “馬八尺已上爲駴”，“已”，底本、宋蜀大字本皆作“巳”；
“駴”，宋刻單疏本作“龍”，與《周禮》合。

《尸子》曰："大羊爲羬，六尺。"

麖五尺爲羝。

《尸子》曰："大豕爲羝，五尺。"今漁陽呼猪大者
爲羝。

狗四尺爲獒。

《公羊傳》曰"靈公有周狗❶，謂之獒"也。《尚書孔氏
傳》曰："犬高四尺曰獒。"即此義。

雞三尺爲鶤。

陽溝巨鶤，古之名雞❷。

六畜

《爾雅》卷下

經三千一百一十三字

注七千八百九十字

---

❶ "周狗"，底本作"害狗"，《公羊義疏》引何休云："周狗，可
以比周之狗，所指如意。"據改。

❷ "名雞"，宋蜀大字本倒文。